Nenhum caminho
será longo

COLEÇÃO *dádivas do infinito*

O tesouro escondido
José Tolentino Mendonça

Pai Nosso que estais na terra
José Tolentino Mendonça

Nenhum caminho será longo
José Tolentino Mendonça

José Tolentino Mendonça

Nenhum caminho será longo
Para uma teologia da amizade

Paulinas

Dados Internacionais de Catalogação na Publicação (CIP)
(Câmara Brasileira do Livro, SP, Brasil)

Mendonça, José Tolentino
  Nenhum caminho será longo : para uma teologia da amizade / José Tolentino Mendonça. – São Paulo : Paulinas, 2013. – (Coleção dádivas do infinito)

  Bibliografia.
  ISBN 978-85-356-3505-8

  1. Amizade 2. Amizade - Aspectos religiosos - Cristianismo 3. Vida cristã I. Título. II. Série.

  13-03952   CDD-248.4

Índice para catálogo sistemático:
1. Amizade : Aspectos religiosos : Vida 248.4

1ª edição – 2013
4ª reimpressão – 2024

Título original: *Nenhum caminho será longo: Para uma teologia da amizade*
© Outubro 2012, Instituto Missionário Filhas de São Paulo – Prior Velho, Portugal

Direção-geral: *Bernadete Boff*
Editora responsável: *Vera Ivanise Bombonatto*
Copidesque: *Amália Ursi*
Coordenação de revisão: *Marina Mendonça*
Revisão: *Ruth Mitzuie Kluska*
Gerente de produção: *Felício Calegaro Neto*
Assistente de arte: *Ana Karina Rodrigues Caetano*
Projeto gráfico: *Telma Custódio*

Nenhuma parte desta obra poderá ser reproduzida ou transmitida por qualquer forma e/ou quaisquer meios (eletrônico ou mecânico, incluindo fotocópia e gravação) ou arquivada em qualquer sistema ou banco de dados sem permissão escrita da Editora. Direitos reservados.

Cadastre-se e receba nossas informações
www.paulinas.com.br
Telemarketing e SAC: 0800-7010081

Paulinas
Rua Dona Inácia Uchoa, 62
04110-020 – São Paulo – SP (Brasil)
📞 (11) 2125-3500
✉ editora@paulinas.com.br

© Pia Sociedade Filhas de São Paulo – São Paulo, 2013

Ao lado do teu amigo,
nenhum caminho será longo.

Provérbio Japonês

Apresentação

José Tolentino Mendonça é um criador na substância e na forma, não se separando uma da outra. A meu ver, é sempre culto, é sempre poeta e é sempre padre.

É sempre culto, de uma cultura natural, interiorizada, respirada, que só não esmaga na sua riqueza e variedade temática porque não é artificial, não é superficial, nem exibida; é sussurrada ao ouvido, brota com tanta espontaneidade, com tanta humildade, que nos seduz, enriquece, sem nunca humilhar.

É sempre poeta, mesmo quando é prosador. A sua prosa é sempre poética. No fluir das palavras, na sua ligação, no seu colorido, na sua mutante significação, mas sobretudo na sensibilidade de ir além do escrito, do narrado, do pensado, do comunicado; nas imagens, nas intuições, nas sugestões, no ver por cima e no ver por dentro ao mesmo tempo: no ver por cima para captar o mais extenso, no ver por dentro para atingir o mais compreensível.

É sempre padre, o que corresponde a dizer que é sempre testemunha qualificada da sua fé e *pater* na pedagogia da descoberta do que há de mais profundo e melhor no ser humano. Testemunha qualificada da sua fé, porque nada do que escreve e do que é passa ao lado da radicalidade dessa escolha. Uma fé encarnada, isto é, que vem do antes e vai para o depois deste tempo e deste lugar, mas suja as suas mãos num e noutro. Ocupa-se das mulheres e dos homens de carne e osso que o povoam, sofre com os seus sofrimentos, sonha os seus sonhos. *Pater* na pedagogia da descoberta do ser humano, descoberta que não é dissociável da fé, pedagogia que quer transmitir a descoberta, paternidade que é doação na descoberta e na sua mensagem...

E que viagem inesquecível é esta para a qual nos convida José Tolentino Mendonça? No termo da caminhada surgirá mais claro por que razão há espaço para a amizade sem esvaziar o amor, há tempo para a amizade de Deus neste tempo finito que nos condiciona, mas nos entusiasma.

Este livro – *Nenhum caminho será longo* – é um apelo a redescobrirmos Deus nos outros, redescobrindo-nos a nós próprios. Não é para ser lido a eito, com pressa, com a pressa de querer chegar. É para ser lido parte a parte, parágrafo a parágrafo, com vagar, com o vagar de quem ousa construir fraternidade nas coisas mais insignificantes desta nossa primeira vida... A amizade é sempre uma epifania e, por isso, existe uma teologia da amizade, um sentido divino para a amizade.

Marcelo Rebelo de Sousa
Professor na Faculdade de Direito na Universidade de Lisboa, jurisconsulto e político português

***

Este livro de José Tolentino Mendonça nomeia o significado profundo da amizade e, ao mesmo tempo, o seu segredo, a serena aceitação dos seus limites. Tal compreensão da nossa relação com Deus equilibra as metáforas eróticas e esponsais que dominaram a espiritualidade mais recente, e ilumina o amor delicado e respeitoso que Deus tem por nós. Um amor que se eleva ao nível do amor trinitário. O autor explora esse tema com um raro conjunto de referências, uma imersão profunda na Palavra de Deus, associada também a uma penetrante compreensão das raízes clássicas da nossa civilização, uma sensibilidade para a poesia, infelizmente tão ausente na teologia, e intuições profundas que serão certamente acolhidas com interesse também por outras culturas. Este é um livro que revela um profundo respeito pelo outro, um livro para ser saboreado.

Timothy Radcliffe, op
Frade dominicano, foi mestre geral da Ordem dos Pregadores.
Escritor renomado com vários livros sobre espiritualidade e os desafios da vida contemporânea

Umbral

Parece que nossa época só sabe falar de amor. Ao mesmo tempo em que se assiste a uma inflação dessa palavra, diminui, claramente, a sua força expressiva, como que sequestrada por um uso equívoco e sonâmbulo. Cada vez menos se sabe menos a que nos referimos quando falamos de amor. Mas isso não serve de freio. Com a mesma palavra designamos o amor conjugal e a afeição a um clube esportivo, as relações parentais e as de consumo, as aspirações individuais mais profundas e também as mais frívolas. Tudo é amor.

No universo religioso a situação, infelizmente, não é muito diferente. O termo amor tem uma excessiva utilização que não favorece o realismo e o aprofundamento dos percursos da fé. A referência ao amor é esbanjada em homilias, discursos catequéticos, proposições morais; caminho vertiginoso para atenuar, se não mesmo neutralizar, o seu significado. Habituamo-nos a ouvir o apelo ao amor, recebendo-o ou reproduzindo-o sem grande discernimento. Estou convencido de que uma parte importante do problema é a ausência de uma reflexão sobre a amizade. Chamamos ambiguamente amor a relações e práticas afetivas que ganhariam maior consistência se pensássemos nelas como modalidades da amizade. Inclusive a relação dos crentes com Deus.

Gostaria muito que este livro nos levasse a pensar sobre o significado e a pertinência da amizade nos vários âmbitos: na vida pessoal, nos contextos comunitários e crentes, nas sociabilidades... A amizade é uma experiência universal e representa, para cada pessoa, um percurso inapagável de humanização e de esperança. Contudo, precisamos de uma sabedoria, e também de uma sabedoria espiritual, que nos permita vivê-la mais plenamente.

"Os nossos amigos fazem parte da nossa vida", escreveu Raïssa Maritain. Mas não só: eles a alargam, conspiram para que ela se torne luminosa e autêntica, oferecem-lhe leveza e profundidade, purificam-na com a verdade, temperam-na com o humor, insistem que ela é feita de futuro. Os amigos testemunham ao nosso coração que há sempre caminho, e que nenhum caminho será demasiado longo.

E se falássemos de amizade em vez de amor?

Encontramos na Bíblia, provenientes do campo da afetividade, imagens diversas para descrever a relação com Deus. Elas correspondem a dois paradigmas fundamentais. Um, muito estabelecido, é o do amor. De fato, a Bíblia descreve Deus a partir da experiência do amor conjugal ou erótico, se quisermos. Muitas vezes a relação entre Deus e o povo aparece descrita como relação de noivado, experiência esponsal, convívio de núpcias, e o que aí fica sublinhado é a dimensão fusionante do encontro, o impacto de uma coincidência total, um estado entre a amálgama jubilosa e a posse. Esse estado é evocado, com nostalgia, no livro de Jeremias: "Lembro-me da tua fidelidade no tempo da tua juventude, do teu amor quando me seguias no deserto, naquela terra onde não se semeia" (Jr 2,2). Deus tem saudades dessa intimidade; o coração do povo não se dispersava, centrado unicamente no diálogo com ele. Era, digamos, uma relação exclusiva: não havia nenhum outro rosto sobre a terra; para além deste, já principiava o deserto. É o que constatamos igualmente no livro de Ezequiel (16,8-13):

> Quando passei junto de ti – e Deus refere-se a seu povo – vi que chegara a idade de te apaixonares: cobri o teu rosto nu com a minha capa e prometi amar-te. Sim, jurei que havia de casar contigo e tu ficaste a pertencer-me. Lavei-te com água e esfreguei a tua pele com azeite, vesti-te com roupa fina e dei-te sapatos do melhor cabedal, dei-te um turbante de linho e uma capa de seda, adornei-te com joias, braceletes e colares, dei-te um brinco para o nariz, brincos e uma esplêndida coroa para pores na cabeça; estavas ornamentada de ouro e de prata e a tua roupa brocada era só de linho e de seda; comeste pão feito com a melhor farinha e alimentaste-te de mel e de azeite. A tua beleza era impressionante, eras uma autêntica rainha.

É um momento literariamente magnífico do texto profético que representa Israel como uma noiva, ricamente ornada para o encontro esponsal absoluto. Com exceção do Cântico dos Cânticos, talvez o livro bíblico em que essa metáfora esponsal é levada mais longe seja o atribuído ao profeta Oseias. Nele o povo de Deus é descrito como uma mulher que atraiçoa o marido, mas, mesmo assim, este não desiste de seduzi-la com laços de amor e de lhe ser fiel. E o desejo de Deus chega pela boca do profeta: "Naquele dia chamar-me-ás 'meu marido', e nunca mais 'meu Baal'. Então, te desposarei para sempre" (Os 2,18.21).

São breves exemplos de um vasto patrimônio teológico e documentam como esse exercício de metaforização do amor, com o sentido claro de representar a relação radical entre Deus e o crente, está amplamente disseminado. Certamente o paradigma do amor continua (e continuará) a ser muito válido e inspirador, porém ele não deixa de ser, no que respeita à nossa relação com Deus, apenas uma imagem, uma tentativa de aproximação, um balbucio desse mistério. Não deve, portanto, ser entendido como a única via de expressão. A Bíblia insiste, pedagogicamente, na pluralidade de acessos. Parte deles agrega-se em torno a um paradigma que aqui desenvolveremos, e que se torna necessário redescobrir, a amizade.

A diferença entre o amor e a amizade

Para a definição do nosso caminho espiritual é importante percebermos a diferença entre o amor e a amizade. Com muita facilidade, quase por automatismo, adotamos o vocabulário do amor, que corre o risco de tornar-se uma gramática sonâmbula. Dizemos "amo" sem que isso cause qualquer estremecimento nem corresponda a um compromisso efetivo. Importa pensar no que dizemos quando afirmamos que amamos a Deus. Nesse sentido, o modelo da amizade pode ajudar-nos a perceber, até como contraponto ao sonambulismo dos nossos enunciados, o que é, o que pode ser a nossa relação com Deus. O perigo que o vocabulário do amor oferece é o de perder-se no indefinido, alagar--se no ilimitado da subjetividade: não sabemos bem o que é o amor; é sempre tudo; é uma tarefa desmesurada; e essa sua indestrinçável totalidade demasiadas vezes se consuma numa desiludida retórica. A amizade é uma forma mais objetiva, mais concretamente desenhada, talvez mais possível de ser vivida.

A amizade é uma experiência muito interessante – explica Françoise Dolto –, porque na amizade há segurança sem pressão. O que não podemos conhecer do outro deixamos, serenamente, que permaneça incognoscível. O fato de não conhecermos tudo não afeta a relação que mantemos, coisa que o amor dificilmente suporta. No amor a revelação tem de ser total, tem de ser una: una na franqueza, na abertura, no conhecimento sem dobras, nem reservas. Na amizade aceitamos de forma mais natural a diferença, uma certa distância que não é considerada obstáculo à confiança, mas, ao contrário, é condição da revelação de si. Essa distância dá liberdade à pessoa para ser autêntica; purifica os amigos de toda a tentação de domínio. A amizade não apresenta a reivindicação de posse que, muitas vezes, é a de um amor demasiado egoísta, exageradamente narcísico. Mais do que na experiência de amor, a relação de amizade é fecundada pela aceitação dos limites. Talvez a grande diferença entre amor e amizade resida no fato de o amor tender sempre para o ilimitado, suspeitando de contornos e fronteiras. Quando se esconde alguma coisa, na relação amorosa, cedo ou tarde isso ganha um peso insuportável; enquanto, na amizade, lidamos de maneira leve com os constrangimentos, aceitamos que exista uma vida sem nós e além de nós. Não é que no amor também não se torne necessária a aceitação de tudo isso, mas não é esse o seu idioma, a sua singularidade. O amigo é que faz parte da nossa vida afetiva sem deixar de ser o outro.

O elogio da amizade na construção
do caminho da fé

Seria, de fato, importante estabelecermos a nossa relação com Deus em termos de amizade. A amizade pode constituir um modelo criativo para o caminho crente, mesmo que continuemos a falar do amor. Mas entender essa relação, unicamente a partir do modelo amoroso, provoca-nos, frequentemente, ansiedade, incapacidade e desmotivação; como o regime dominante do amor é o do "tudo ou nada", o que não conseguimos, acabamos ficando no nada, roídos pelo sentimento de culpa, tentando compor o retrato com inflações de ritualismo. Idealizamos tanto a relação com Deus que suportamos mal que ela não encaixe no que, para nós, são não só os exemplos perfeitos, mas os únicos que nos satisfariam. Lamentamo-nos por não termos a fé de Santa Teresa de Ávila ou de João Paulo II; por não sermos devotos como a nossa avó materna ou não termos a intensidade de adesão que invejamos no nosso vizinho. E isso também serve-nos de desculpa para não fazermos a única coisa que Deus espera realmente de nós: sermos nós próprios. Resistimos a perceber que a fé autêntica é sempre uma fé de migalhas, como nos ensina a história da mulher cananeia: "Jesus partiu dali e retirou-se para os lados de Tiro e de Sídon. Então, uma cananeia, que viera daquela região, começou a gritar: 'Senhor, Filho de Davi, tem misericórdia de mim! Minha filha está cruelmente atormentada por um demônio'. Mas ele não lhe respondeu nem uma palavra. Os discípulos aproximaram-se e pediram-lhe com insistência: 'Manda embora essa mulher, pois ela vem gritando atrás de nós'. Jesus replicou: 'Não fui enviado senão às ovelhas perdidas da casa de Israel'. Mas a mulher veio prostrar-se diante dele, dizendo: 'Socorre-me, Senhor'. Ele respondeu-lhe: 'Não é justo que se tome o pão dos filhos para o lançar aos cachorrinhos'. Ela insistiu: 'É verdade, Senhor, mas até os cachorros comem as migalhas que caem da mesa de seus donos'. Diante disso, Jesus respondeu-lhe: 'Ó mulher, grande é a tua fé! Faça-se como desejas'. E, a partir desse instante, a filha dela ficou curada" (cf. Mt 15,21-28).

É de uma vital sabedoria abraçar os nadas como fragmentos de verdade; como laços de uma intimidade que se pode experimentar, mas não possuir; que se pode escutar profundamente, mas sem deter. A relação a se construir com Deus é sempre na liberdade, deixando Deus ser Deus e sentindo que Deus me deixa ser eu. Deus não me trata como uma marionete. Que expectativas tem Deus a meu respeito? O que ele espera de mim? O que eu acho que Deus espera de mim? Por vezes, naufragamos numa concepção perturbada de tudo isso e nos sobrecarregamos de culpas e mais culpas, num doloroso aprisionamento interior. Antecipamos penas que Deus, rico em misericórdia (cf. Ef 2,4), não nos quer dar. Projetamos em Deus expectativas que ele não pode ter a nosso respeito, porque respeita a nossa liberdade, aceita o desconhecido que há em nós, o estranho que nos habita, o enigma que somos.

Deus bate à nossa porta e não a arromba

Deus vem, à brisa da tarde, visitar o jardim onde está o primeiro casal humano, mas Adão e Eva escondem-se dele. "Mas o Senhor Deus chamou o homem e perguntou: 'Onde estás?'" (Gn 3,9). Numa mistura de hermenêutica e de humor, a tradição rabínica afirma que esta é talvez a única frase inútil da Bíblia. Como é possível que Deus pergunte "Onde estás?". Se Deus sabe tudo, essa é uma pergunta completamente artificial. Mas se ele não sabe, de fato, onde está o primeiro casal humano, então isso coloca em causa a onisciência de Deus. É um momento embaraçoso da revelação bíblica. Os rabinos, porém, extraem daqui uma rica interpretação espiritual. Só nós podemos dizer onde estamos – ensinam-nos eles –, Deus não nos persegue, mas amigavelmente espera que sejamos nós a dizer-lhe isso.

Que mudança representaria levarmos isso a sério! Deus respeita a nossa liberdade e a sua expectativa não é a de um parceiro possessivo, de um rival que não nos permite um espaço de criatividade e de respiração. A relação com Deus não é uma gaiola, mas abertura para uma amplidão sempre maior. Deus espera por todos. E espera pacientemente. "Eis que estou à porta, e bato; se alguém ouvir a minha voz e abrir a porta, entrarei em sua casa, e com ele cearei, e ele comigo" (Ap 3,20).

Acontece-me, a essa altura, pensar no poema de Edith Södergran como numa oração para aprender em silêncio:

> Não há ninguém no mundo que tenha tempo
> ninguém a não ser Deus.
> E por isso as flores caminham para ele
> e a última das formigas.
> O miosótis pede-lhe um mais alto brilho
> nos seus olhos azuis.
> E a formiga pede-lhe uma força maior
> para assim agarrar a palha.
> E as abelhas pedem-lhe uma canção mais triunfal
> entre as rosas púrpuras.

E Deus está presente em tudo.
Sem esperar, a anciã encontrou o seu gato junto ao poço
e o gato a sua dona.
Grande foi a alegria de ambos
e maior ainda quando Deus os deixou juntos
e lhes desejou esta maravilhosa amizade
que durou catorze anos...

Deus tem tempo. Deus nos dá tempo. A expectativa de Deus é que, na autonomia de que gozamos e na singularidade que somos, possamos viver uma vida bela, arriscar uma vida autêntica. Ele não é o espião metafísico, pronto a contabilizar as nossas falhas e desvios, ou então a condecorar-nos pelas nossas boas ações e piedade. Escrevia Santo Ireneu, já no século II: "Aquele que é inacessível, incompreensível e invisível, torna-se compreensível e acessível aos homens, a fim de dar a vida aos que o alcançam e veem... A glória de Deus é o homem vivo". A expectativa de Deus é que cada um de nós seja ele próprio, e viva, viva, viva. Essa é, de fato, a experiência da amizade.

A amizade é um passar

É necessário purificarmos as imagens de Deus soletradas por nossas inseguranças e medos. O paradigma da amizade, aplicado à nossa relação com Deus, pode resultar num efeito extraordinariamente libertador. A amizade é a aceitação positiva do limite. Chega um momento em que você vai para sua casa e eu para a minha e isso não representa nenhum drama. Ao contrário, sabemos que nos haveremos de reencontrar; que não nos vendo, não nos perderemos de vista; que o essencial permanece intato na distância. Pensar assim a nossa relação com Deus enche-nos de serenidade e de alegria; há um sopro interior que nos assiste; a nossa oração ganha uma respiração que parte realmente de nós em vez de desenvolver-se num plano de pura abstração. Pois infelizmente grande parte da nossa oração não tem alma e corpo, não tem sangue e verdade, não tem barro e espírito. No fundo, persistimos numa imagem de Deus que exige de nós sacrifícios, quando o Deus de Jesus Cristo quer a vida justa, plena, levada à sua alegria.

Um exemplo de fé baseada na amizade é o de Moisés. Moisés fala com Deus face a face, como um homem diante do seu amigo (cf. Ex 33,11). Também precisamos disso, de nos sentarmos diante de Deus e falarmos com ele como um homem, como uma mulher fala com um amigo, uma amiga. Precisamos de chegar a essa fluidez de relação e sentir que há um "tu a tu", rostos que se enfrentam, coração diante de coração. Essa proximidade não fere a transcendência de Deus. Deus continua a dizer: "Moisés, vou passar diante de ti, vou-te mostrar a minha Beleza, mas tu não poderás ver a minha face. Só pelas costas vais olhar a minha Beleza". Esta é a experiência que fazem os amigos. Por um lado, olham-se no fundo dos olhos, mas, por outro, aceitam ver o todo apenas na parte, na visão incompleta, no gesto inacabado. Na amizade, aceitamos do outro o que ele nos dá ou pode dar, e fazemos disso um ponto de partida alegre. A ansiedade de querer saber tudo, de escrutinar, é projeção de uma vontade de domínio, de um desejo de poder. A amizade é um passar. Deus passa a sua beleza diante de Moisés e Moisés vê uma parte: aquilo que pode ver. Se vivêssemos assim a nossa experiência espiritual, ela seria mais pacificada, mais adulta e certamente mais fecunda. Temos de abrir as mãos, deixar que Deus passe. A fé pascal não é outra coisa: passagem, trânsito, tráfego de beleza, epifania, revelação que não se toca. *"Noli me tangere"*, "Não me detenhas" (Jo 20,17), diz o Ressuscitado à discípula. Nós estamos diante de Deus como amigos, na gratuidade de uma relação.

Amar a Deus por nada, gratuitamente

Deus respeita a nossa liberdade, não nos quer prender. Deus criador ama a nossa capacidade de criação. Não somos obras estáticas em suas mãos. É verdade que nos sobrevém sempre a tentação de um certo providencialismo ("Deus me acuda, Deus faça isto, faça aquilo..."), quando o importante é a experiência fundamental de saber que ele está conosco e nos tem por amigos. Deus faz isso sem nos querer controlar, domesticar, sem invadir o nosso segredo. Por vezes, a ânsia que temos de ser poupados aos sofrimentos do presente torna a religião uma coisa muito confortável, feita à nossa medida, como se a religião fosse um clube de escapistas. Se a religião é um seguro de vida, vamos fazê-lo, por que não? O caminho da amizade com Deus, porém, é outro. É necessário amar a Deus por nada. Amá-lo, simplesmente. "A rosa não tem porquê./ Floresce porque floresce./ Não cuida de si mesma./ Nem pergunta quem a vê...", ensina Angelus Silesius. Ou, como escreveu Gertrude Stein, "uma rosa é uma rosa é uma rosa".

Amar a Deus por nada, gratuitamente, Santa Teresinha do Menino Jesus dizia: "Ainda que não houvesse paraíso eu continuaria a amar a Deus". Temos de ultrapassar uma determinada concepção do cristianismo como máquina de fabricar castigos e recompensas. Os santos ensinam-nos o mistério da amizade divina: aceitar o que Deus me quer dar, aceitar a noite e o nada, o silêncio e a demora, aceitar a graça e fraqueza. Aceitar, aceitar. De tudo fazer caminho. Quando nos dispomos a isso, estamos finalmente mergulhando numa experiência de amizade. Não apreciamos os nossos amigos apenas pelo que eles nos dão; eles podem vir de mãos vazias que os amamos da mesma maneira. Para dizer a verdade, por vezes, as coisas, na amizade, só atrapalham. A nossa relação com Deus também passa pelas mãos vazias: o fundamental é o encontro, aquilo que, misteriosa e gratuitamente, se comunica de coração a coração.

Não é preciso falar

Como é que percebemos que duas pessoas que não conhecemos são amigas? Pela forma como conversam? Certamente. Pelo modo como riem? Claro que sim. Mas, ainda mais, por nitidamente abraçarem, com serenidade e alegria, o silêncio uma da outra. Os amigos podem estar juntos, em silêncio. Entre conhecidos é um embaraço, sentimos imediatamente a necessidade de iniciar uma conversa, de ocupar o espaço em branco da comunicação; ficar em silêncio traz-nos incômodo. Com os amigos o silêncio nada tem de embaraçoso. O silêncio é um vínculo que une. Leio um texto de Rubem Alves, teólogo brasileiro: "Amiga é aquela pessoa em cuja companhia não é preciso falar. Você tem aqui um teste para saber quantos amigos você tem: se o silêncio entre vocês dois lhe causa ansiedade, se, quando o assunto foge, você se põe a procurar palavras para encher o vazio e manter a conversa animada, então a pessoa com quem você está não é amiga, porque um amigo é alguém cuja presença procuramos, não por causa daquilo que se vai fazer juntos... A diferença está em que, quando a pessoa não é amiga, terminado o alegre e animado programa, vem um silêncio e um vazio que são insuportáveis. Nesse momento, o outro se transforma num incômodo que atulha o espaço e cuja despedida se espera com ansiedade. Queremos livrar-nos daquela pessoa. Com o amigo é diferente: não é preciso falar".

Acho que às portas das Igrejas devia-se colocar este letreiro: "Não é preciso falar.". Transformarmos a oração numa forma de tagarelice é um vão entreter. Mas se assumimos que a amizade é estar em companhia, mesmo sem falar, então o exercício da oração aprofunda-se, toca outros níveis, abre-nos a outras dimensões do ser. Não é preciso falar. Basta a consolação de estar um ao lado do outro. Amigo é alguém cuja simples presença traz alegria, independentemente do que se faça ou diga. A amizade não fica refém dos programas, como a oração pede para não ficar sequestrada pelo discurso. "Quando rezardes, não digais muitas palavras" (Mt 6,7), recomenda Jesus.

A poética da amizade

Uma história oriental conta de uma árvore solitária que se avistava no alto da montanha. Não tinha sido sempre assim. Em tempos passados, toda a montanha estivera coberta de árvores maravilhosas, altas e esguias, que os lenhadores, uma a uma, cortaram e venderam. Mas aquela árvore era torta, não podia ser transformada em tábuas... Sendo inútil aos propósitos deles, os lenhadores deixaram-na ali. Depois, vieram os caçadores de essências em busca de madeiras perfumadas, mas a árvore torta, por não ter cheiro algum, foi desprezada e, mais uma vez, deixada ali. Por ser inútil, sobreviveu. Hoje, está sozinha na montanha, avista-se ao longe naquela altura, e os viajantes suspiram por sentar-se à sua sombra.

Um amigo é como essa árvore: vive da sua inutilidade. A nossa espiritualidade tem também de ser inútil, para ser mais do que um momento, mais do que uma necessidade, para persistir, para acolher a dança do eterno. Não é raro que a necessidade envenene a nossa relação com Deus. Ora, o amigo não é o necessário: é o eleito, o gratuito. Com razão dizemos: "Um amigo é um irmão que escolhemos". Eu escolho, eu me sinto escolhido: trânsito do gratuito sem porquês. Um amigo é como essa árvore. Pode até ser útil, mas não é isso que o torna um amigo. A sua inútil e fiel presença na nossa vida torna a nossa solidão uma experiência de comunhão. Diante do amigo, sabemos que não estamos sós. É isso que se lê na passagem inesquecível do profeta Isaías: "Não temas, porque eu te redimi; chamei-te pelo teu nome, tu és meu. Quando passares pelas águas estarei contigo, e quando pelos rios, eles não te submergirão; quando passares pelo fogo, não te queimarás, nem a chama arderá contra ti... Não temas, pois, porque estou contigo" (Is 43,1-2.5).

Pensemos, então, na relação de Deus como uma relação de amizade. Pensemos naquilo que a experiência de amizade traz de iluminante para estruturar a nossa relação com Deus: a aceitação do outro, o reconhecimento sereno dos limites, a diferenciação, a ausência de domínio, a liberdade, a gratuitidade, a pura contemplação, o não reter, a percepção de que o outro é passagem na minha vida e passagem que, por dentro, me fecunda. Os amigos estão interessados no concreto, no pormenor, na pequena escala, no relato simples, no inútil aparente, no correr indiferenciado do tempo, na espuma dos dias. Recorrendo a uma bela expressão de Walter Benjamin, os amigos sabem que cada segundo que passa é a pequena porta pela qual pode entrar o Messias.

2

Figuras bíblicas da amizade

A Bíblia reconhece a importância da amizade verdadeira e não poupa palavras para enaltecer o seu valor. O livro do Deuteronômio fala do amigo (*réa*, em hebraico) como aquele ou aquela que "tu amas como a ti mesmo" (13,7); e o livro dos Provérbios como de "alguém mais próximo de ti que um irmão" (18,24). Na amizade, é o coração que responde ao coração (cf. Pr 27,19). E como "o óleo e os perfumes alegram o coração, os conselhos de um amigo afetuoso são doces" (Pr 27,9). No livro de Ben Sirac temos o elogio do amigo verdadeiro: "Um amigo fiel é uma poderosa proteção; quem o encontrou, descobriu um tesouro. Nada se pode comparar a um amigo fiel; e nada se iguala ao seu valor. Um amigo fiel é um bálsamo de vida; os que temem o Senhor acharão tal amigo" (Eclo 6,14-16).

Contudo, quem quiser colher o pensamento bíblico da amizade, mais profundamente, tem de deter-se a escutar as suas histórias. Também aqui a teologia que a Bíblia apresenta é eminentemente narrativa. E não tenhamos dúvidas: precisamos dessa sabedoria. As histórias transmitem-nos o conhecimento não como processo de abstração, mas como intensidade de uma experiência na qual somos chamados a entrar.

Deus e Abraão

A viagem pelas histórias da amizade na Bíblia leva-nos a esta referência surpreendente que surge no livro de Isaías: "Tu, Israel, meu servo, Jacó, meu eleito, linhagem de Abraão, o meu amigo" (Is 41,8). Enunciam-se aqui modelos diferentes de relação (servo, eleito, amigo), todos eles acompanhados da anotação afetiva emprestada pelo possessivo "meu". Por trás de cada modelo há uma percepção do que nós somos e do que Deus é, visto a frase estar colocada na sua boca. Ora, a par das fundamentais categorias de "servo" e "eleito" (que nos remetem ao campo de representação do poder, num tipo de regulação próxima daquilo que depois será o vínculo entre suserano e vassalo) vem também uma categoria de natureza diferente, a de "amigo". Como é que Abraão se torna "o amigo" de Deus? Pela construção de uma relação de confiança (da qual deriva, aliás, a palavra "fé")? Por um pacto de reciprocidades que, entre ambos, se estabelece? Sem dúvida. Mas também por um conjunto de detalhes menores, marcas cotidianas, quase indizíveis, que nos introduzem no universo característico da gramática da amizade: olharem juntos para a mesma direção (cf. Gn 15,5); manterem uma solicitude traduzida em gestos (Diz Deus: "Não temas, Abrão. Eu sou o teu escudo" – Gn 15,1); entregarem-se a uma prática de hospitalidade (Gn 18,1-5: "O Senhor apareceu a Abraão junto dos carvalhos de Mambré, quando ele estava sentado à porta da sua tenda, durante as horas quentes do dia. Abraão ergueu os olhos e viu três homens de pé em frente dele. Imediatamente correu da entrada da tenda ao seu encontro, prostrou-se por terra e disse: 'Meu Senhor, se mereci o teu favor, peço-te que não passes adiante, sem parar em casa do teu servo. Permite que se traga um pouco de água para vos lavar os pés; e descansai debaixo desta árvore. Vou buscar um bocado de pão e, quando as vossas forças estiverem restauradas, prosseguireis o vosso caminho'").

Deus e Moisés

A amizade de Deus é uma possibilidade em aberto. É muito importante constatar como ela se repete. "Logo que Moisés entrava na tenda, a coluna de nuvem descia e mantinha-se à entrada, e o Senhor falava com Moisés... O Senhor falava com Moisés, frente a frente, como um homem fala com o seu amigo" (Ex 33,9.11). De fato, a revelação de Deus não é apenas a lei que se pode escrever numa pedra e aí permanece codificada. É também uma escrita interior, uma vivência, um afeto que nos atravessa, um acolhimento mútuo, uma intimidade. A experiência de Deus antes de ser uma experiência normativa é uma experiência mística. E a norma tem de expressar e servir esse acontecimento maior que é a amizade; traduzida em aliança; e no permanecer, sem tempo, frente a frente, "como um homem fala com o seu amigo".

Rute e Noemi

Tendo morrido os filhos junto dos quais vivia, a viúva Noemi se despede das noras, Orfa e Rute, e prepara-se para voltar sozinha à sua terra de Israel. "Parti com as mãos cheias e o Senhor fez-me voltar de mãos vazias", diz ela no seu pranto (cf. Rt 1,21). Num mundo cheio de ciclos migratórios, ouvimos o lamento de Noemi todos os dias. Os emigrantes partem cheios de esperança num futuro que os resgate e, contudo, nem sempre é assim. Muitas vezes são obrigados a regressar ao ponto de partida ainda mais pobres e feridos.

Noemi propõe-se partir sozinha, mas Rute insiste em partilhar a sua sorte. O juramento de amizade que Rute dedica, então, a Noemi constitui uma das páginas inesquecíveis do patrimônio bíblico: "Aonde quer que fores, eu irei contigo; e onde te detiveres, ali também me deterei; o teu povo será o meu povo, e o teu Deus será o meu. Onde morreres, morrerei eu também, e ali serei sepultada. Isto me faça o Senhor, e outro tanto, se outra coisa que não a morte me separe de ti" (1,16-17). Noemi manifesta por Rute uma equivalente compaixão e, uma vez na terra de Israel, elabora um romanesco estratagema para que ela encontre um pretendente e volte a casar-se. Quando o plano de Noemi se concretiza, Rute, a estrangeira, entra diretamente na genealogia real, tornando-se bisavó do rei Davi.

Jônatas e Davi

Um traço interessante dessa amizade, e que é típico da sua gramática, é que não foi propriamente buscada. Tratou-se do reconhecimento imediato entre duas almas que se avizinharam uma da outra. O texto hebraico de 1Sm 18,1 utiliza significativamente um passivo: "A alma de Jônatas foi estreitamente unida à de Davi". De fato, a amizade é o dom que não se explica. Dito isso, é igualmente verdade que a moldura histórica do encontro deles não deixa de ser relevante. Davi acabava de vencer Golias, numa prova que revelava audácia, mas também confiança na proteção de Deus. A ação de Davi deu a Jônatas a possibilidade de conhecer alguma coisa acerca dele. E cresceu em Jônatas um sentimento de admiração por Davi. Nesse sentido, cabe recordar o comentário de Aelredo de Rievaulx, que via na amizade espontânea de Jônatas e Davi também uma ponderação iluminada pela razão. A amizade nasceu "à vista de virtudes": "Jônatas, o amigo da virtude, foi levado a experimentar afeição por um jovem virtuoso".

Por outro lado, o primeiro livro de Samuel nos diz que "Jônatas começou a amar Davi como a si mesmo". Este "como" implica um reconhecimento e uma prática de igualdade: Davi era já um herói, mas não passava ainda de um pastor; Jônatas era o filho do rei. Eles terão de colocar-se em pé de igualdade para olhar-se como amigos. Mas Jônatas amar Davi como a si mesmo trata-se também do cumprimento do mandato: "Amarás o teu próximo como a ti mesmo" (Lv 19,18). A amizade é a plenitude da Lei. A sua perfeição.

Quando a insegurança e a patologia do rei Saul se manifestarem numa animosidade persecutória em relação a Davi, Jônatas atuará em defesa do amigo: tentando inicialmente a reconciliação do rei, e protegendo, depois, Davi na clandestinidade. Davi e Jônatas aprofundam a sua amizade com a celebração de um pacto, que é uma espécie de sacramento. Dizem: "Quanto ao que prometemos, o Senhor seja para sempre testemunha entre nós" (1Sm 20,23). A amizade é uma experiência que o próprio Deus testemunha. O amigo é a certeza de que Deus não nos abandona. A amizade de Jônatas e Davi há de tornar-se um modelo na vida e na morte. Diante da fúria sem recuo do rei Saul, os amigos têm de separar-se. É uma despedida intensíssima em que a comoção não se esconde. E, coisa escandalosa para a cultura do tempo, o texto bíblico mostra dois homens que choram e se abraçam: "Deixou Davi o seu esconderijo e, fazendo uma reverência a Jônatas, prostrou-se três vezes por terra; beijaram-se mutuamente, chorando juntos, mas Davi estava ainda mais comovido que o amigo. Jônatas disse-lhe: 'Vai em paz; e, quanto ao juramento que fizemos, que o Senhor esteja sempre como testemunha entre ti e mim, entre a tua posteridade e a minha!'" (1Sm 20,41-42). Na verdade, esse pacto da amizade há de sobreviver à própria morte.

Quando Jônatas é morto nas mãos dos filisteus, Davi dedica-lhe uma das elegias mais belas da poesia universal e que representa, por direito próprio, um emblema da amizade.

> Jônatas, meu irmão,
> meu coração quebra-se por ti!
> Eras para mim deliciosamente querido!
> Tua amizade era mais maravilhosa
> do que o amor das mulheres! (2Sm 1,26)

Há quem justamente proponha que se traduza o verso "Tua amizade era mais maravilhosa" por "Tua amizade era mais miraculosa", já que a categoria de "maravilha" tinha então um evidente sentido religioso: designava a ação prodigiosa de Deus na história. A amizade pode ser, como tantas vezes é, um perfeito milagre.

Um último elemento a sublinhar na história dessa amizade: a pergunta do rei Davi: "Terá ficado alguém da casa de Saul a quem eu possa fazer bem por amor de Jônatas?" (2Sm 9,1). Davi torna-se um protetor para os descendentes de Jônatas. O filho deste e o seu neto comiam "à mesa de Davi, como qualquer um dos filhos do rei" (2Sm 9,11).

Davi e Berzelai

Quando Absalão se revoltou contra Davi, seu pai, e este teve de fugir, é-nos contada a amizade com o octagenário Berzelai, um homem da região de Galaad. Os momentos mais difíceis são muitas vezes férteis em manifestações da esperança que acontecem por pura graça.

O pacto amigável estabelece-se, primeiramente, sob a forma da compaixão e da hospitalidade. "Estes homens sofreram certamente fome e sede no deserto" (2Sm 17,29), considera Berzelai, dispondo-se a ajudar Davi e os seus soldados. Porém, a iniciativa material de ajuda transforma-se numa amizade mais profunda, em que o essencial passa a ser o sabor da mútua presença. Nem sempre um gesto de compaixão tem a capacidade de crescer para uma amizade, mas é muito belo quando isso acontece. Davi propõe-lhe: "Vem comigo, para descansares junto de mim em Jerusalém" (2Sm 19,34). Berzelai, contudo, prefere passar os últimos dias na sua terra, e pede a Davi que aceite a companhia de um dos seus filhos. "O rei beijou Berzelai, abençoou-o e Berzelai voltou para sua casa" (2Sm 19,40). O patrimônio da amizade está cheio de finais como esse.

Eliseu e a sunamita

É uma amizade que principia com o convite para partilhar uma refeição. "Certo dia, ao atravessar Sunam, veio ao encontro de Eliseu uma mulher rica e convidou-o a comer em sua casa. E sempre que por ali passava, dirigia-se à casa daquela mulher para tomar a sua refeição" (2Rs 4,8). A condivisão da mesa permite um conhecimento e uma solicitude crescentes. A família amiga do profeta decide, então, construir um quarto no seu terraço (e é tocante a enumeração dos detalhes: "com uma cama, uma mesa, uma cadeira e uma lâmpada" – 2 Rs 4,10) para que ele possa repousar nas ocasiões em que os visitar. Em favor da sunamita e do esposo, Eliseu faz, por sua vez, uma promessa de fecundidade: "Por este tempo, no próximo ano, acariciarás um filho" (2Rs 4,16). Além do milagre que é típico da atividade profética, podemos ver aqui o milagre cotidiano, e igualmente transformador, que a amizade gera. Os amigos ajudam-nos a vencer tantas formas de esterilidade: tornam a nossa vida irradiante. Entretanto, há um segundo milagre, pois o menino morre e é reanimado por Eliseu. Mas também aqui é importante determo-nos na forma humaníssima como a história nos é contada. Quando um servo do profeta quer afastar a sunamita e o seu pranto, Eliseu repreende-o: "Deixa-a, a sua alma está amargurada" (2Rs 4,27). Os amigos não defendem apenas o nosso sorriso: oferecem-nos o tempo para chorarmos o que temos de chorar.

Os amigos de Jó

A história pessoal de Jó é tão conhecida que se tornou um ícone do sofrimento humano. Jó procura viver com retidão, diante de Deus e dos homens, e é duramente fustigado pela experiência do mal; um mal que se abate sobre ele com total desmesura, como um obsceno absurdo para o qual não encontra resposta. O grito de Jó é um protesto, uma antiprece, uma insubmissão que colide com todos os sistemas explicativos. Então Jó abocanha o silêncio de Deus para pedir-lhe: "Mostra por que razão me afliges assim" (Jó 10,2).

Há três amigos que vêm debater com ele. E quem tenha sido provado pelo sofrimento, ou o tenha acompanhado, sabe como, nessas horas, o palavreado das explicações soa inútil e escandaloso como um insulto. Talvez em nenhum outro aspecto como na dor, apercebemo-nos da retórica de consolo repetida de forma mecânica e, no fundo, descomprometida. Mas Elifaz, Baldad e Sofar dissertam longamente. Gianfranco Ravasi escreve: "Os três amigos são também três representantes da realidade teológica e ideológica. Eles encarnam três respostas fundamentais: a da sabedoria, a da profecia e a do direito. São os teólogos, os filósofos. São todos aqueles que ao longo da história da humanidade procuraram uma solução para as interrogações: Por que o mal? Faz sentido acreditar perante o absurdo da dor? E produziram as suas receitas ideológicas bem confeccionadas. O livro de Jó torna-se então uma polêmica acerada contra as ideologias fáceis, desligadas da realidade, de tal maneira elaboradas no gabinete que parecem provir de uma torre de marfim, sem nenhuma ponte de comunicação com o mundo real". Por isso, Jó responde a esses amigos equivocados: "Aquilo que vós sabeis, eu também sei, não vos sou inferior. Mas eu desejaria falar com o Todo-poderoso, e desejaria discutir com Deus" (Jó 13,3). E é isso que vai acontecer. A teologia protestativa de Jó ensina-nos, entre outras coisas, que a amizade não pode falsear nunca as procuras de sentido, mesmo as mais exigentes e solitárias.

O meu amigo tinha uma vinha

Uma das reflexões bíblicas mais límpidas sobre a amizade é a do "Canto do amigo" que nos surge no livro de Isaías (Is 5,1-7): "Vou cantar em nome do meu amigo/ o cântico do seu amor pela sua vinha". A vinha é assumidamente alegórica como revela o próprio texto: "A vinha do Senhor do universo é a casa de Israel; os homens de Judá são a sua cepa predileta." Porém, os amigos são reais: o profeta e Deus.

O dado mais singular nesse poema espantoso é que o profeta se coloca como amigo ao lado de Deus, confortando-o na provação, comprometendo-se com ele num momento de crise ("Que mais poderia eu fazer pela minha vinha, que não tenha feito?" – Is 5,4). É verdade que a decisão sobre o destino de uma vinha que foi rodeada de cuidados, mas só produz agraços, cabe, em última análise, a Deus. Mas Deus pede a nossa ajuda no julgamento ("Sede, por favor, juízes entre mim e a minha vinha" – Is 5,3). No mistério que é a amizade, antevemos em Isaías aquilo que, por exemplo, uma nossa contemporânea, Etty Hillesum, dirá explicitamente: "Nós é que temos de ajudar-te [ó Deus], e, ajudando-te, ajudamo-nos a nós. E esta é a única coisa que podemos preservar nestes tempos, e também a única que importa".

Jesus e Lázaro

No retrato que o Novo Testamento nos oferece de Jesus, a amizade desempenha um papel extenso e fundamental. A relação com os discípulos era evidentemente uma experiência de amizade: "Não vos chamo servos, visto que um servo não está ao corrente do que faz o seu senhor; mas a vós chamei-vos amigos" (Jo 15,15). A relação com os pecadores, se atendermos à acusação de que era alvo, "amigo de publicanos e pecadores" (Lc 7,34), também não se construía de outra maneira. Mas o único personagem singular, de todo o Novo Testamento, que vem explicitamente chamado de amigo de Jesus é Lázaro de Betânia, irmão de Marta e de Maria. Os três, no seu conjunto, cabem bem na designação de "amigos", e falarei de Marta e de Maria mais adiante.

Por agora, interessa-nos a pergunta: como é que a história da amizade entre Jesus e Lázaro, no segmento relatado pelo Evangelho, ilumina o mistério que é o de toda a amizade? Parece-me ver emergir, claramente, quatro aspectos: 1) Contar com o amigo. Marta e Maria mandam avisar Jesus do estado de Lázaro, "Senhor, aquele que tu amas está doente" (Jo 11,3), e estão certas de que ele se fará presente, mesmo se isso implica um grande transtorno ("Há pouco os judeus procuravam apedrejar-te, e tu queres ir outra vez para lá?" (Jo 11,8) – perguntam, desconcertados, os discípulos). Mas a verdade é que Jesus viaja para Betânia como qualquer amigo que não pode não assistir o seu amigo, na hora da doença ou do luto. 2) Chorar o seu amigo. Alegrar-se com as alegrias do outro como se fossem suas; e condoer-se com as suas dores, da mesma forma. Jesus comove-se profundamente (como nos refere o texto evangélico, por duas vezes: Jo 11,33.38) e chora (Jo 11,35). E essa imagem do pranto de Jesus diante da morte do amigo diz-nos o que as palavras não conseguem dizer. 3) Testemunhar até o fim (e para lá do fim) a vida do amigo. O episódio da morte de Lázaro constitui a oportunidade para a revelação divina de Jesus: "Eu creio que tu és o Cristo, o Filho de Deus que havia de vir ao mundo" (Jo 11,25), confessa Marta. Mas a cada amigo é confiada a missão de repetir as palavras de Jesus, dando testemunho delas: "Teu irmão há de ressuscitar" (Jo 11,23). Como é que isso se faz: conservando a memória, mantendo viva a comunhão com o patrimônio espiritual que a vida do amigo constitui e acreditando no triunfo da vida sobre a morte que Jesus prefigura. 4) Regressar ao amigo. A amizade, de fato, é alimentada por múltiplos encontros e regressos. Superada a experiência-limite por que passa Lázaro, Jesus visita-o mais tarde, para celebrarem o sabor da amizade e o seu perfume: "Jesus foi a Betânia, onde vivia Lázaro, que ele tinha ressuscitado dos mortos. Ofereceram-lhe lá um jantar. Marta servia e Lázaro era um dos que estavam com ele à mesa. Então, Maria ungiu os pés de Jesus com uma libra de perfume de nardo puro, de alto preço, e enxugou-lhos com os seus cabelos. A casa encheu-se com a fragrância do perfume" (Jo 12,1-3).

Paulo e o casal Prisca e Áquila

Hoje os estudos sobre Paulo sublinham justamente o contributo trazido por um amplo conjunto de coatores, vencendo a ideia do apóstolo como herói solitário. De fato, a cada momento, para a desmedida atividade missionária de Paulo, foi determinante a rede, o trabalho de equipe, a complementaridade (até de temperamentos), as delegações e, claro está, a amizade. Muitas são as histórias de amizade que Paulo viveu. Contamos aqui uma: a que ligou Paulo ao casal Prisca e Áquila. Os traços dessa relação estão presentes em vários escritos: na Carta aos Romanos, aos Coríntios, na segunda a Timóteo, e nos Atos dos Apóstolos.

Áquila era um hebreu natural do Ponto (região da Turquia atual), embora o seu nome fosse latino. A primeira notícia é que tenha vivido em Roma, onde provavelmente conheceu Prisca, sua mulher, conhecida também por um diminutivo, Priscila. Quando o imperador Claúdio promulgou o édito de expulsão dos judeus residentes em Roma, eles dois, mesmo tendo-se convertido ao cristianismo, refugiaram-se na cidade grega de Corinto.

Foi em Corinto que se deu o encontro com Paulo. Como tinham inclusive o mesmo ofício, fabricantes de tendas, "Paulo estabeleceu-se em sua casa e trabalhava com eles" (At 18,3). A sua amizade é, assim, uma experiência ampla e profunda de hospitalidade. De Corinto viajaram juntos para Éfeso, o outro centro estratégico para a evangelização, na rota de Paulo. Vemos, de fato, Priscila e Áquila em Éfeso dedicados à formação de um neófito chamado Apolo (At 18,26). Tanto num lugar como no outro, essa família amiga constituiu uma retaguarda afetiva de solicitude e colaboração com o apóstolo.

Quando, de Éfeso, Paulo escreve aos Coríntios, sabemos que Priscila e Áquila estão com ele, pois na parte final das saudações aparecem referidos: "Áquila e Prisca, juntamente com a assembleia que se reúne em sua casa, enviam-vos muitas saudações" (1Cor 16,19). É sugestiva a menção à casa deles como tratando-se de uma "Igreja doméstica" onde a comunidade se juntava para a Palavra e a Fração do Pão.

Quando cessou o édito de Claúdio, o casal volta a Roma, mas a distância não atenua a amizade, nem a gratidão. Na carta que escreve aos cristãos de Roma, Paulo formula um sentido elogio: "Saudai Prisca e Áquila, meus cooperadores em Jesus Cristo, os quais expuseram as suas cabeças para salvar a minha – e não sou só eu que lhes estou agradecido, mas também todas as Igrejas dos gentios" (Rm 16,3-4). Sinal de que os amigos verdadeiros nunca se esquecem são ainda os cumprimentos enviados por Paulo em 2Tm 4,19: "saúda Prisca e Áquila".

3

Pensar a amizade

Enquanto a experiência do amor encontrou nas línguas gregas e latinas uma pluralidade de termos que a descrevem, a amizade aparece-nos aí predominantemente concentrada em dois termos: *philía* em grego e *amicitia* em latim. Mas, na origem, o sentido de ambos era ainda muito mesclado com o campo do amor; só progressivamente a amizade será perspectivada como realidade que se define autonomamente. O vocábulo *philos* começou significando "caro, querido", num sentido assimilado ao valor do possessivo "meu". Em Homero o que caracteriza a amizade é essa pertença e proximidade como formas imediatas de posse. Foi só ao fim de uma evolução semântica que a ideia de posse se diluiu numa noção de afeição independente de vínculos parentais. O mesmo se passa com a palavra latina para amizade. Os vocábulos *amor* e *amicitia* derivam ambos da raiz *–am*, que, no latim popular, designa mãe (*amma*) e ama (*mama*). Na amizade haveria, assim, um envio ao amor materno ou, dito de outra forma, ao amor como estrutura primacial da existência.

O que é certo é que, desde a antiguidade até o presente, a amizade tem constituído um desafio permanente para o pensamento. Giorgio Agamben recorda-nos, por exemplo, de que a intimidade entre amizade e filosofia é tão profunda que esta inclui *philos*, o amigo, no seu próprio nome. A filosofia não é apenas um cultivo da sabedoria: é também uma questão para tratar entre amigos, e é, desse modo, um exercício concreto de amizade. Importa recuperarmos algo da história do pensamento em torno da amizade até para percebermos que tantas questões que vivemos em nossa escala se ligam, no fundo, a problemas universais. O que se pode dizer da amizade? Qual é mesmo o seu idioma? Como se constrói e desconstrói? Ela é uma expressão humana autônoma ou precisa da relação com outras paisagens para se dizer? A amizade é sempre um bem? A proposta agora é fazermos uma viagem pelas perguntas que a amizade levanta. Talvez viva-se melhor a amizade se aceitarmos o convite a contatar a reflexão que ela tem suscitado no tempo.

Passagem do sensível ao inteligível

Comecemos pelos gregos. Uma obra de Platão, *O Banquete*, pode ajudar-nos a compreender o que diferencia o registro do amor do da amizade, na cultura greco-latina, a que continuamos tão ligados. A obra tem uma montagem teatral que lhe confere grande vivacidade: Apolodoro é interpelado por um amigo para que relate o banquete efetuado em casa de Agatão, no qual haviam estado presentes, entre outros, Pausânias, Erixímaco, Aristófanes, Alcibíades e Sócrates. O pensamento avança à maneira de um diálogo em que cada uma das personagens terá oportunidade de apresentar o seu conceito de amor. Vai emergindo da conversa uma espécie de cartografia amorosa muito à volta do amor sensível e da paixão. O desejo do amor – diz-se ali, a dada altura – confunde-se com a nostalgia de reencontrar a unidade perdida: na origem, fomos cortados em dois e, de um só, ficaram duas metades. Assim, através do amor, cada metade procura a que lhe corresponde.

Mas, para Platão, o amor é também uma passagem do sensível ao inteligível, da beleza dos corpos à beleza das ideias, do eros à amizade. É isso que nos vem explicado pela voz de Diotima quando afirma: "Corre por aí um ditado que diz que amar é andar em procura da sua metade... Todavia, em meu pensar, não existe amor de uma metade ou de um todo. [...] O amor é desejo de possuir o Bem para sempre" (205e/206a). E como é que isso se faz? Por um processo que nos leva do particular ao universal, do físico ao espiritual, do belo ao bom. É uma via de ascese intelectiva que nos faz passar da beleza de um corpo à de todos os corpos, dos corpos belos à beleza da virtude e do conhecimento, até que, a verdade do belo, levada às últimas consequências, nos abra ao bem e à sabedoria.

A procura desinteressada do bem

Aristóteles, por sua vez, dá um grande destaque à amizade, no seu tratado Ética a Nicômaco, e fala dela não como uma passagem ao inteligível, mas como uma muito concreta virtude cívica. "Parece ser a amizade que mantém unidas as comunidades dentro dos Estados", comenta ele (Livro VIII, cap.1,22-23). Com esse propósito, o filósofo identifica e hierarquiza diversas formas de amizade: 1) A amizade útil, fundada no interesse que nos pode advir de uma relação em que existe partilha mútua; 2) A amizade aprazível, estabelecida sobretudo no prazer que a companhia do outro nos dá; 3) e a amizade virtuosa, que procura antes de tudo o bem do outro. Só esta última, no entanto, pode considerar-se uma virtude, que, quando existe, manifesta a excelência dos seus atores. "Estes são amigos, de uma forma suprema. Na verdade querem para os seus amigos o bem que querem para si próprios. E são desta maneira por gostarem dos amigos como eles são na sua essência, e não por motivos acidentais. A amizade entre eles permanece durante o tempo em que forem homens de bem; e, na verdade, a excelência é duradoura. Cada um deles é um bem absoluto para o seu amigo" (Livro VIII, cap. 3, 10-14).

A procura desinteressada do bem do outro; uma equivalência entre o amor que dedicamos e o amor que temos por nós próprios; solicitude sincera; ausência de atração pulsional ou de paixão são traços da amizade autêntica, segundo Aristóteles. Da gramática de amizade faz parte ainda a completa igualdade, a reciprocidade e a não dependência. Só no reconhecimento da igualdade, só quando a reciprocidade se conjuga de forma livre, a amizade pode finalmente consolidar-se. E ela exige que cada um se baste a si mesmo em autonomia.

Nada pedir de vergonhoso, nada de vergonhoso conceder

Cícero compôs o seu tratado *De Amicitia* num período particularmente sensível: o da ascensão fulgurante de

César e do seu assassinato pelo afilhado e amigo, Marcus Brutus, em março de 44 a.c. O escrito de Cícero tem, assim, algo de premonitório em relação ao quadro histórico em que se desenvolve. O modelo literário do seu tratado é o dos diálogos platônicos e o ponto de partida, a evocação póstuma das qualidades de um amigo. A memória dessa amizade fornece substância ao texto. Para Cícero, para além da sabedoria, nada há superior à amizade, definida como um acordo perfeito de todas as coisas divinas e humanas, acompanhadas de benevolência e afeição. "Que haverá de mais doce que poder falar a alguém como falarias a ti mesmo?" A amizade, porém, nasce através da virtude e não pela necessidade. A sua regra é esta: "Nada pedir de vergonhoso, nada de vergonhoso conceder.". Os benefícios que se alcançam por meio dela não devem ser considerados como o principal motivo para que exista: a maior recompensa é o próprio amor que a amizade desperta. As escolha dos amigos, não sendo simples, deve ser igualmente criteriosa. Cícero recomenda que se escolham os que se mostram firmes e constantes, e só acredita realmente na amizade provada pelo tempo.

Só o sábio sabe amar

Sêneca não nos transmitiu a sua concepção de amizade por meio de um tratado, mas de um conjunto de cartas a um destinatário que era, ao mesmo tempo, um amigo: Lucílio. Isso alinha-se com o seu propósito fundamental: mais do que definir um amigo, ele investe sim na compreensão dos deveres da amizade. Viver como amigo é mais importante do que descrever o que um amigo é. Como Aristóteles e Cícero, também Sêneca começa por classificar a amizade como uma virtude, mas a força dos seus ideais estoicos acaba por levar a melhor, e ele termina identificando a amizade com a sabedoria: "Só o sábio sabe amar, só o sábio é amigo" (*Solus sapiens scit amare, solus sapiens amicus est*). Um homem de bem tem o dever de escolher, antes de tudo, os sábios para amigos e de desconfiar do poder e do prestígio social. A Lucílio, por exemplo, ele recomenda que não procure os seus amigos no fórum ou na cúria, quando os encontra melhores em casa e entre os seus escravos.

Porque era ele. Porque era eu

É amplamente conhecida a definição que Montaigne dá de sua amizade por Étienne de La Boétie: "Na amizade de que falo, as almas mesclam-se e fundem-se uma na outra em união tão absoluta que elas apagam a sutura que as juntou, de sorte a não mais a encontrarem. Se me intimam a dizer por que o amava, sinto que só o posso exprimir respondendo: 'Porque era ele. Porque era eu'" (*Parce que c'était lui, parce que c'était moi*). Montaigne não procura saber ou dizer por que La Boétie é seu amigo. A impossibilidade de explicações expressa o caráter matricial da amizade. Ela não se propõe alcançar finalidades. A amizade não pode ter outro fim que ela mesma. Não se deve confundir a amizade com o respeito típico das relações parentais e, do mesmo modo, não é legítimo misturá-la com o amor erótico. A amizade, para Montaigne, é uma comunhão de espírito, uma espécie de junção das almas. É uma relação inexprimível, intransitiva, absoluta, que não visa modificar nem ser modificado pelo outro. Não se trata do encontro de dois desejos, mas de duas plenitudes. É neste sentido que se deve entender o dístico "Porque era ele. Porque era eu."

George Steiner revisitou recentemente o texto de Montaigne constatando, de fato, que as circunstâncias externas ou os atributos existenciais não têm aqui pertinência, nem são negociáveis, quer se trate do charme físico, da compatibilidade social, de alianças pragmáticas ou daquelas histórias de amor ou de ódio que, por vezes, as famílias transmitem. A incongruência não conta quando se fala de amizade. O que sabemos é que, sem amizade, a mulher ou o homem viveriam como exilados. A amizade autoriza-nos a dizer: "Eu sou porque tu és".

O meu amigo não é outro que a metade de mim

Um tratado sobre a amizade esconde, quase sempre, a história de uma amizade. Certamente uma das mais extraordinárias é aquela que uniu o missionário jesuíta Matteo Ricci ao príncipe chinês Qian Zhai. Conheceram-se no ano de 1595. Ricci reconstrói, desta maneira, a memória desse encontro: "Eu, Matteo, vindo por mar do grande Ocidente, entrei na China... Este ano, na primavera, atravessando o monte e navegando por rios, cheguei a Jinling, onde, para minha grande alegria, admirei a luz do nobre reino... Antes ainda de acabar a longa viagem, desloquei-me a Nanchang... Fui, por isso, ver o príncipe de Jian'an, o qual não me desprezou, permitiu-me fazer-lhe a grande inclinação, fez-me sentar no lugar do hóspede, ofereceu-me vinho doce e dedicou-me uma grande festa.

[Terminado o banquete], o príncipe deixou o seu lugar, veio até junto de mim e, segurando-me as mãos, disse-me: 'Quando homens nobres de grande virtude se dignam passar pela minha terra, não há uma única vez que não os convide, os trate como amigos e os honre. O grande Ocidente é o país da moralidade e da justiça: gostaria de ouvir o que aí se pensa da amizade'".

Nasceu assim o volume *Os ditos dos nossos filósofos e dos nossos santos sobre a amizade*, que conheceu um sucesso enorme na China de então e constitui um verdadeiro clássico sobre o tema, além do delicioso pormenor de ter sido a primeira obra escrita em chinês por um ocidental. O tratado apresenta 100 sentenças retiradas de todo o pensamento europeu, greco-latino e cristão. Para Ricci eram claras duas coisas: 1) O diálogo entre o Ocidente e o Oriente precisava do fundamento oferecido por um conhecimento recíproco e nada melhor para concretizá-lo do que a arte da amizade. 2) Comunicar o Evangelho, num espaço e num estilo humanos tão diversos como eram os do "Império do Meio", só podia acontecer através da amizade. Só o amigo pode tornar-se anunciador daquele Cristo que é o amigo do homem.

Absolutamente inesquecível é a forma como o precioso livrinho de Matteo Ricci começa: "O meu amigo não é outro que a metade de mim mesmo; antes, ele é um outro eu de mim. Por isso, devo considerar o amigo como a mim próprio".

Onde não há direitos de propriedade

Em *A gaia ciência*, Nietzsche denuncia o amor que se concebe como pulsão apropriadora do outro e estratégia de domínio. Para ele, o território de um tal amor é o "ter". "É o amor de sexo para sexo que se revela mais nitidamente como um desejo de posse: aquele que ama quer ser possuidor exclusivo da pessoa que deseja, quer ter um poder absoluto, tanto sobre a sua alma como sobre o seu corpo, quer ser amado unicamente, instalar-se e reinar na outra alma como o mais alto e o mais desejável." Mas há outras espécies de amor que não cedem a esse impulso de apropriação, respeitando a distância entre o eu e o tu. Escreve Nietzsche: "Existe realmente, aqui e além na terra, uma espécie de prolongamento do amor, no qual o desejo que dois seres experimentam um pelo outro dá lugar a um novo desejo, a uma nova cobiça, a uma sede superior comum, a de um ideal que os ultrapassa a ambos: mas quem é que conhece esse amor? Quem o viveu? O seu verdadeiro nome é *amizade*" (n.14). Na amizade estamos uns com os outros e somos uns para os outros, mantendo porém uma exterioridade: os amigos não se diluem, não se justapõem, nem se substituem. A amizade é uma forma de exposição ao outro, mas uma exposição que não quebra a reserva, que não invade a solidão. A amizade não só guarda silêncio, mas ela é guardada pelo silêncio.

Paralelas que se encontram no infinito

Para Simone Weil, o amor que Cristo nos ordena com o "Amai-vos uns aos outros" é um amor absolutamente anônimo e universal: o amor da caridade. A amizade constitui, de certa forma, uma exceção já que se configura como preferência por um ser humano. Mas ela não deixa de ser uma expressão miraculosa do sobrenatural em nós, pois ser-nos-ia impossível viver a amizade de uma forma pura se Deus não nos permitisse conjugar aquilo que, na nossa natureza, emerge como separado e contrário: por um lado, a necessidade que temos dos outros e, por outro, o intransigente respeito pela sua autonomia e pela nossa. Não há amizade senão onde se conserva a distância. Simone explica-o assim: "A amizade é o milagre pelo qual um ser humano aceita olhar à distância, e sem se aproximar, o próprio ser que lhe é necessário como um alimento. É a força de espírito que Eva não teve; e, contudo, ela não tinha necessidade do fruto. Se ela tivesse tido fome no momento em que olhava o fruto, e se, apesar disso, tivesse permanecido indefinidamente a olhá-lo sem dar um passo na sua direção, teria realizado um milagre análogo ao da perfeita amizade". A amizade pura é uma imagem da amizade perfeita da Trindade. É impossível que dois seres humanos sejam um e, não obstante, respeitem escrupulosamente a distância que os separa, se Deus não estiver presente em cada um deles. Os amigos são, por isso, paralelas que só se encontram no infinito.

O que separa torna-se relação

Maurice Blanchot nomeia a amizade como um dos lugares mais fecundos da condição humana. Eu não espero nada de um amigo, ou melhor, espero tudo, na medida em que a sua existência, pela sua radical diferença, me permite existir. A amizade é o acolhimento de um intervalo puro que, de mim a esse outro que é um amigo, mensura tudo o que há entre nós. A doçura da amizade, porém, é equivalente ao seu rigor mais infrangível: o meu amigo é este próximo que não deixa nunca de ser o mais distante. E Blanchot escreve: "A amizade, essa relação sem dependência, sem episódio e na qual, no entanto, entra toda a simplicidade da vida, passa pelo reconhecimento da estranheza comum que não nos permite falar dos nossos amigos a nós mesmos, mas apenas falar com eles; que não nos permite fazer deles um tema de conversas (ou de artigos), mas o movimento do acordo em que eles, ao falar conosco, reservem, mesmo na maior familiaridade, a distância infinita, essa separação fundamental a partir da qual o que separa se torna relação".

Ó amigos, não existem amigos

"Ó amigos, não existem amigos" é um mote enigmático que a tradição atribui a Aristóteles: ao mesmo tempo que parece invocar a amizade ("Ó amigos") parece também negá-la ("não existem amigos"). Esse mote surge já trabalhado, por exemplo, em Montaigne e em Nietzsche, que o teriam retirado de um capítulo dedicado à biografia de Aristóteles, assinada por Diógenes Laercio. E esse mote servirá também a Jacques Derrida para escrever a sua obra *Políticas da amizade*.

Há uma história curiosa contada por um filósofo amigo de Derrida, o italiano Giorgio Agamben. Este conta que, quando Derrida estava ainda organizando o seminário acadêmico que daria origem ao livro, discutiram longamente um problema filológico ligado à frase. Investigando em várias edições, Agamben conseguiu reconstruir a história e perceber que o mote enigmático tinha afinal sido criado pelo erro de um copista. Em vez de "Ó amigos, não existem amigos" o original seria: "Aquele que tem (muitos) amigos, não tem nenhum amigo". Agamben informou imediatamente Derrida da sua descoberta, e foi com estupefação que, quando leu o livro *Políticas da amizade*, não encontrou qualquer referência ao diálogo deles. E não foi por esquecimento que Derrida continuou a utilizar a versão "Ó amigos, não existem amigos": para a estratégia da sua reflexão era essencial que a amizade fosse, ao mesmo tempo, afirmada e posta em causa. Esse é realmente o contributo que presta, questionando a centralidade que o paradigma da fraternidade ocupa nos grandes discursos da amizade.

De fato, quando se pensa a amizade como um processo de equivalência de subjetividades – à maneira de uma máquina de fazer sujeitos idênticos –, tem-se também de considerar o risco de exclusão do outro e do diferente que, sutilmente, fica pairando. A figura da amizade como uma relação de simbiose, ou de "fusão das almas", como queria Montaigne, é denunciada como um perigo; tantas vezes na história ela redundou em lógica de intolerância, para anular a singularidade e reduzir o outro ao mesmo. Derrida propõe antes uma ruptura: que pensemos a amizade sem a prerrogativa da proximidade ou da intimidade. Nasceria, assim, uma amizade voltada para a dissimetria, para a irredutível precedência do outro (em sua alteridade) numa democracia mais autêntica. Uma democracia por vir.

O que é viver a amizade com Deus

Há uma passagem do Evangelho de São João (Jo 3,8) que normalmente encontramos traduzida desta forma: "O vento sopra onde quer e tu ouves a sua voz, mas não sabes de onde vem, nem para onde vai: assim acontece com todo aquele que nasceu do Espírito". O termo grego para indicar Espírito é *pneuma*, mas *pneuma* significa também vento. Isso coloca uma dificuldade para o tradutor, que tem de decidir-se por uma palavra ou por outra. Ora, escolhemos traduzir *pneuma* como vento; o que é que estamos afirmando? Que a trajetória daquele que nasceu do Espírito, isto é, a trajetória dos crentes, a história crente, é aberta ao imprevisível; é como o vento, nós ouvimos a sua voz, mas não sabemos de onde vem, nem para onde vai. O ponto de imprevisibilidade é, portanto, colocado no crente. Esse é que tem uma vida no aberto e no imprevisível.

Mas se, como o faz a Vulgata, optarmos por "o Espírito sopra onde quer", então o ponto de imprevisibilidade deixa de ser a trajetória do crente, e passa a estar do lado do próprio Deus. É o Espírito que é imprevisível; é a voz do Espírito de Deus que eu ouço, mas não sei de onde vem, nem para onde vai. Assim, colhe-se o Espírito no aberto, no não dito, no impronunciável, no não catalogado, no não trilhado. O Espírito Divino é que passa a ser essa manifestação incessante do inédito.

Aceitar o enigma

Nós somos imprevisíveis. Às vezes olhamo-nos ao espelho e, mesmo sem dizer, recuperamos este verso de Rimbaud: "Eu sou um outro". Quem é este que me olha no espelho? Olhamos para nós e há uma estranheza de ser que nunca se cura: mas sou assim? que caminho é este? que tempos são estes que me habitam? Somos também um segredo para nós mesmos e temos de aceitar-nos assim. Somos um enigma, uma pergunta, e temos de aceitar isso. Caso contrário não teremos paz. Habitaremos sempre a divisão e o conflito. Há, portanto, um momento em que é preciso dizer: "Está bem, é assim; eu não explico, eu não concebo, eu não programo, mas é assim, e vou fazer alguma coisa com isso."

Mas, em relação a Deus é bem mais difícil pensá-lo como imprevisível. Porque consola-nos muito saber que Deus está aqui. Que o encontramos neste lugar, que por este caminho chegamos com certeza a ele. Às vezes ajeitamos Deus à nossa maneira, acreditamos que ele esteja entre as coisas que arrumamos, entre as disposições interiores que temos, dentro dos nossos próprios pensamentos. Dá-nos jeito saber que ele está e está de certa forma. Corremos o risco de viver a relação com Deus não como uma amizade, mas como um hábito.

Reconhecer que Deus habita em mim. Mas como?

Há duas imagens no Novo Testamento, com uma reverberação que vem de mais longe, da experiência histórica do Israel dos profetas, para descrever a relação amigável com o Espírito. Talvez a mais comum, aquela que possivelmente nos acompanha desde a infância e que plasma a nossa própria maneira de olhar Deus, seja a imagem da efusão. É a que temos no livro dos Atos dos Apóstolos, no capítulo 2: os Apóstolos estavam reunidos e o Espírito desceu sobre eles. Então, quando pensamos no Espírito Santo de Deus, pensamos em algo que desce sobre nós e se confunde com aquilo que somos. Está em nós. Quer dizer, está em mim e naquilo que sou. Esta efusão é, como o próprio nome indica, uma espécie de fusão. E eu sinto que Deus em mim me faz ser, me dá coragem para o combate, sabedoria para a palavra, alegria para a dança.

Tanto os Evangelhos como os escritos de Paulo estão repletos de expressões que vão nesse sentido, documentando que a experiência da amizade com Deus, na Pessoa do seu Espírito Santo, é uma experiência fusional. Por exemplo, na obra de Lucas (Evangelho e Atos dos Apóstolos), o Anjo diz a Maria: "O Espírito Santo descerá sobre ti" (Lc

1,35); Isabel ao receber a visita dela "ficou cheia do Espírito Santo" (Lc 1,41); depois da ressurreição do Senhor, Pedro falava às autoridades e ao povo "cheio do Espírito Santo" (At 4,8); Estêvão, o primeiro mártir, dá o testemunho "cheio do Espírito Santo" (At 7,55); "o Espírito Santo desceu sobre quantos ouviam a palavra" em casa de Cornélio (At 10,44) etc. etc. Esse estar cheio do Espírito é uma experiência constante na construção do caminho cristão.

Nessa imagem de fusão, os contornos da singularidade como que são ultrapassados, instaurando-se uma coincidência entre o sujeito que crê e aquilo que o sujeito crê. Eu creio, e aquele em que creio faz-me ser. Entre o que o sujeito crê e aquilo que o sujeito é não há distância: há uma indizível comunhão. Nesse sentido é que toda a liturgia do batismo fala do batismo no Espírito. Os crentes são envolvidos, revestidos, como se o Espírito agora fosse a sua pele.

É a partir dessa imagem, por exemplo, que somos chamados a entender os discursos de Jesus, no quarto Evangelho, acerca do Espírito. Jesus recorre a uma linguagem total ao dizer: o Espírito ensinará todas as coisas (cf. Jo 14,26). Reparem, não é ensinar uma coisa, um aspecto que falta. Não, o Espírito ensinará tudo. Ensinará completamente.

E como é descrito o Espírito? Vem descrito como fogo, como um sopro enérgico, uma luz, um ânimo, um desassombro, um alento que nos faltava para podermos ser. Essa imagem, que é também uma experiência do Espírito que, penso, todos fazemos – pois em algum momento sentimos que a amizade com Deus nos atravessa de uma forma total – conduz-nos certamente à verdade de Deus, mas descrevendo-a como experiência de plenitude.

A amizade como experiência de coincidência

Esses momentos de plenitude encontram uma base na tradição do Antigo Testamento acerca do estatuto do povo de Deus. O que é que torna Israel o povo da Aliança? É ter uma lei, ter uma constituição com dez mandamentos, uma aliança, uma promessa? É isso certamente, mas completado por uma efusão do Espírito, por uma experiência do próprio Deus. "Derramarei o meu Espírito sobre toda a carne; vossos filhos e vossas filhas profetizarão, vossos velhos sonharão, e vossos jovens terão visões; até sobre os servos e sobre as servas derramarei o meu Espírito naqueles dias" (Jl 3,1-2). Como condição para se ser povo de Deus está essa experiência.

Normalmente, no Antigo Testamento, quando o Espírito de Deus aparece, evidencia-se de uma forma espetacular: há uma agitação na natureza, há terramotos, vulcões, ventania. Digamos assim: a manifestação de Deus provoca uma espécie de alteração da ordem cósmica, introduzindo uma nova experiência, um novo ciclo, um novo tempo. No Novo Testamento tudo é depurado. A experiência de contato com Deus, através do acolhimento amigável do Espírito Santo, continua a ser uma experiência de fusão, mas expressa de modo mais íntimo e despojado. Quando os discípulos recebem o Espírito estão numa casa, numa rua anônima da cidade (cf. At 2,1), não diante de um monte em chamas (cf. Ex 19,16.18); o Espírito Santo desce sobre eles sem que tenha acontecido um fenômeno natural fora do comum. O Espírito agora é dado no cotidiano, na nossa humanidade; é dado de forma sutil, interior e escondida. A corrente de ar forte que terá ressoado pela casa onde eles se encontravam em nada se compara à convulsão atmosférica descrita no livro do Êxodo. Vejamos esse texto de At 2,1-4: "Quando chegou o dia de Pentecostes, encontravam-se todos reunidos no mesmo lugar. De repente, ressoou, vindo do céu, um som comparável ao de uma forte rajada de vento, que encheu toda a casa onde eles se encontravam. Viram então aparecer umas línguas, à maneira de fogo, que se iam dividindo, e pousou uma sobre cada um deles. Todos ficaram cheios do Espírito Santo e começaram a falar outras línguas, conforme o Espírito lhes inspirava que se exprimissem". "Ficar cheio" é uma experiência de fusão, de arrebatamento, de habitação interna do Espírito. Jesus, no Evangelho de São João (14,16-17), diz: "Eu pedirei ao Pai e ele vos dará outro Paráclito para que esteja sempre convosco, o Espírito da Verdade, que o mundo não pode receber, porque não o vê, nem o conhece; vós é que o conheceis porque permanece junto de vós e está em vós". Repare-se: o Espírito de Deus não está apenas perto de nós, o Espírito está "em nós". Aí está, de novo, a dimensão fusional para descrever essa amizade. E da mesma maneira na passagem da carta de Paulo aos Romanos, o testamento espiritual do Apóstolo (cf. Rm 8,26): "É assim que também o Espírito vem em auxílio da nossa fraqueza, pois não sabemos o que havemos de pedir, para rezarmos como deve ser; mas o próprio Espírito dentro de nós intercede por nós com gemidos inefáveis". Esta é uma experiência de amizade em Deus que brota como intimidade espiritual. Sentirmos que o Espírito nos enche, que o Espírito nos faz ser.

A amizade como experiência de diferenciação

Mas se o Espírito de Deus está em nós de uma forma fusional, como entender aqueles momentos em que parece que o Espírito não está? Como entender o deserto, os tempos de fragilidade e escassez, os tempos de desinspiração, os tempos noturnos, de grande questionamento, as horas de dúvida e desalento, o aguilhão de ferro do nosso desânimo? Se o Espírito está sempre conosco, se há essa fusão quase maternal, quase de águas maternais, como compreender e aceitar esses estados pelos quais passamos? A tradução que diz "o Espírito sopra onde quer e tu ouves a sua voz, mas não sabes de onde vem, nem para onde vai", é também, de fato, uma tradução necessária.

A amizade com o Espírito de Deus dá-se, na nossa vida, de duas maneiras: ou através dessa experiência de fusão, ou através da experiência oposta, a da diferenciação. Ou a amizade de Deus nos enche, ou parecemos vazios dela, porque Deus é sempre outro. Eu não domino o Espírito de Deus, não sou o seu dono ou senhor. Deus é, em cada momento, "o absolutamente outro". Escreve o teólogo Joseph Moingt: "Que o Espírito esteja aqui, esteja em cada um de nós, isso não impede que ele possa estar também noutra parte, pois ele está na proximidade e na distância. Muitas vezes, o Espírito está no que é familiar e, muitas vezes, o Espírito está no que é diferente. Ele é sempre excesso e não se deixa possuir, nem encerrar e não se mantém num lugar senão para chegar mais adiante, sem nunca se retirar de onde vem".

O Espírito de Deus não nos abandona, mas também não se fixa. Aquele pedido que Pedro faz a Jesus, na cena da transfiguração, "Senhor, façamos aqui três tendas", é um pedido que Jesus não quer ouvir, pois manda-os logo descer da montanha. Deus é peregrino, desloca-se, é sempre diferente. E nós, como é que acolhemos a amizade de Deus? Nós a acolhemos tanto na fidelidade ao mesmo, à repetição, ao prolongamento do gesto e do lugar, à recordação, como na diferenciação, no risco, no inédito, no original, no singular, no novo.

O Espírito é o terceiro

O Espírito Santo é o terceiro na ordem da Trindade. Deus é Trindade. Se pensarmos nas nossas experiências humanas, o terceiro é aquele que rasga a projeção da equivalência. O dois é o símbolo da reciprocidade e da fusão: no dois projeto o um. Sou um mais um. O três é o elemento da diversidade. É muito diferente uma comunidade feita de duas pessoas e uma comunidade feita de três. Porque o terceiro traz consigo a verdade de uma relação que não pode ser apenas a projeção de um eu e de um tu. O terceiro obriga-nos a uma relação aberta, descentrada. O Espírito é esse terceiro. O mistério de Deus é trino.

Muitas vezes rezamos: "Venha, Deus, e me dê, e me faça, e me conforte, e me console". Claro que ele vem. Mas que eu não esqueça que Deus é o diferente, o seu Espírito aponta-me o caminho que eu ainda não percorri, aquilo que estou para começar, aquilo que me espera, que ainda não sou. Essa diferenciação do Espírito – que nos faz perceber que Deus é imprevisível – purifica a nossa amizade com ele. Nós precisamos ser purificados das fixações que tantas vezes domesticam a nossa espiritualidade. Pois como que domesticamos a imagem de Deus. Já sabemos tanto, estamos sempre na expectativa de uma amizade vivida como fusão. E, porém, Deus também está no desconforto da procura, na exigência e na demora do caminho, no doloroso da dúvida. Na certeza de que ele é o outro, irredutivelmente outro. Que ele não é em mim, que ele não está em mim, que eu não sou ele. Isso torna-nos responsáveis e adultos na construção da amizade que é a fé. E torna-a não uma procura previsível de consolação, mas a procura inacabada de um amigo, Deus.

O nosso amigo é um desconhecido

O maior equívoco na vida espiritual é vivermos das coisas de Deus e não vivermos de Deus. Vivermos só daquilo que nos traz consolação. Há uma passagem impressionante do livro do Êxodo (Ex 4,24-26). É uma história que podemos considerar terrível, mas está lá e temos de encontrar sentido para ela. Moisés estava numa estalagem do caminho e naquela noite Deus veio, lutou com ele e tentava fazê-lo morrer. Lemos e dizemos: "Desculpem, isto não faz sentido nenhum". Então, Deus que fala a Moisés como um homem fala com o seu amigo, Deus que mostra diante de Moisés toda a sua beleza, de repente volta-se para ele para combatê-lo? Que sentido tem isso? Seja qual for o significado não deixará de ser misterioso, de fato. Mas, no seu mistério, diz-nos que Deus é Deus, e às vezes esquecemo-nos disso; que Deus é outro, Deus é transcendente, e eu tenho de me colocar no meu lugar. Porque às vezes somos useiros e vezeiros da fusão. Misturamos Deus entre a tralha toda que arrastamos vida afora. Não, nós não temos Deus por adquirido. Deus é uma pergunta, Deus é um assombro; Deus é um desconhecido. Aquilo que João Batista diz acerca de Jesus: "No meio de vós está aquele que não conheceis" (Jo 1,26). O nosso amigo é sempre um desconhecido.

O visível é só a margem discreta

O teólogo e psicanalista brasileiro Rubem Alves tem este texto que me parece muito interessante. Ele está descrevendo o seu próprio consultório e diz: "No meu consultório tenho dois quadros, duas pinturas, um deles representa uma paisagem luminosa, de cores bem acesas, onde as flores se recortam nitidamente sobre um prado verdejante com montanhas que mergulham os seus altos no azul do céu. Vendo-o pela primeira vez, as pessoas que entram exclamam: Que bonito! Mas ficam por aqui, pois a transcendência diz tudo o que há para dizer e a conversa acaba. O outro quadro representa um bosque, denso e profundo, com formas vagas, o arvoredo indistinto, um caminho solitário que se perde na névoa misteriosa e difusa... Quando o olham, as pessoas param, não sabem bem o que pensar, mas, depois do silêncio, desponta o começo de uma conversa demorada... 'Pergunto-me', dizem-me, 'o que existirá por detrás da névoa, por detrás das árvores, por detrás da obscuridade?' Realmente aqui o visível é só a margem discreta que sugere o invisível, o indizível, o desconhecido".

Muitas vezes a nossa maneira de falar de Deus esgota-o. Isso acontece quando a amizade com ele ainda não é suficientemente profunda. Mas, outras vezes, a nossa oração, a nossa procura, o nosso saber e o nosso sabor de Deus é apenas a margem discreta que sugere o desconhecido. Sem isso, a fé torna-se ideologia, deixa de ser encontro e encontro de amizade, deixa de ser procura... e torna-se rapidamente uma lista de regras e de ritos. Deixa de ser esse lugar da invenção e da reinvenção do que somos. A crença num conhecimento muito estável precipita-nos numa espécie de idolatria. Temos de perguntar sempre: O que é que me torna mais próximo de Deus? O saber ou o não saber? A procura de uma segurança a todo o custo ou a confiança esperançada numa amizade que amadurece?

Chamei-vos amigos

Jesus teve amigos, e a amizade foi um marco na construção do seu caminho. Ele associou amigos à sua missão; tornou a amizade um lugar para o reconhecimento dele próprio e da amizade de Deus. Se aceitarmos a definição de amizade que dá Timothy Radcliffe, descrevendo-a como "o risco imenso de nos deixarmos olhar pelo outro, em toda a nossa vulnerabilidade, entregando-nos nas suas mãos", a Jesus cabe, melhor do que a ninguém, a designação de "o amigo".

A atmosfera dos Evangelhos não deixa margem para equívocos: Jesus desenvolveu a sua missão fora do espaço sagrado tradicional; o seu percurso amadurece de modo distanciado em relação ao Templo, elegendo espaços religiosamente neutrais, como a casa, a praça, a margem, o caminho, lugares por excelência da coreografia do humano. Mas não foram apenas lugares novos e mais próximos das relações do cotidiano; foram também novos gestos e novas palavras. A indignação dos que o acusavam de ser amigo de publicanos e pecadores, porque partilhava com eles a mesa e o convívio (cf. Lc 7,34), sinaliza, de fato, o modo incomum do agir de Jesus. Quando a cultura vigente advogava a "separação", Jesus emergia como um profeta da relação e da amizade.

Jesus tornou também novas algumas velhas palavras. O vocabulário do amor e da amizade não é o mesmo depois dele. Olhemos para o termo típico da amizade, *philia*, e para a sua semântica. No Evangelho de João, o termo surge seis vezes, em empregos decisivos para a maturação da amizade. O amor agápico é o amor da caridade, um amor divinizado; na verdade, um excesso de amor, oblativo e assimétrico, sem prever correspondência ou reciprocidade. Enquanto o amor *philia* é o amor dos amigos necessariamente simétrico e recíproco. Sempre que Jesus usa uma palavra do léxico da amizade ensina-nos alguma coisa de profundo acerca dela. E as situações narrativas em que as suas proclamações ocorrem reforçam essa singularidade.

O discípulo amigo

Jesus tinha com o grupo dos Doze discípulos uma relação de amizade. Quem é, por isso, o "discípulo amado", referido dessa forma unicamente pelo Evangelho de João? Não o sabemos, porque ele permanece anônimo, constituindo uma espécie de enigma que o Evangelho guarda. Nunca se diz o seu nome, mas enunciam-se relatos e detalhes de afeto a seu respeito e, por eles, percebemos que o "discípulo amado" é um "discípulo amigo". A primeira vez que aparece essa designação é no capítulo 13, no contexto da Última Ceia. Jesus tinha acabado de anunciar que um dos presentes o trairia. Os discípulos ficaram, primeiro, aturdidos com a revelação, depois curiosos por identificarem o traidor. "Um dos discípulos, aquele que Jesus amava, estava à mesa reclinado ao peito de Jesus. Simão Pedro acenou-lhe para pedir-lhe: 'Diz-nos, de quem é que ele fala?' Reclinando-se este mesmo discípulo sobre o peito de Jesus, interrogou-o: 'Senhor, quem é?'" (Jo 13,23-25). O discípulo amado é aquele que tem uma proximidade particular a Jesus; é aquele que se reclina sobre o seu peito, não apenas numa demonstração de afeto, mas também de comunhão de vida e sentimentos. Esse gesto do reclinar é uma imagem que comparece em outros textos judaicos e que tem a ver com a transmissão em testamento. O Evangelho representa, digamos, o testamento de um amigo; o olhar de um amigo sobre Jesus que nos implica profundamente, colocando-nos no seu lugar. A intervenção do discípulo amado liga-se, assim, a um eixo profundo da teologia de João que considera ser através da amizade que nós compreendemos Jesus e nos avizinhamos dele. A posição do discípulo amigo, no interior do grupo, em nada fere o papel protagonista que Pedro tem: Pedro é o primeiro dos Doze. Mas, em várias ocasiões, Pedro só penetra o segredo de Jesus quando usa a mediação do discípulo amigo (veja-se, por exemplo, o episódio da verificação do túmulo vazio, Jo 20,1-10).

Outro momento altamente significativo surge aos pés da cruz. Estavam ali a sua mãe, a irmã de sua mãe Maria, mulher de Cléofas, e Maria Madalena. Ao ver sua mãe e junto dela o discípulo que ele amava, o discípulo amigo,

Jesus disse à mãe: "Mulher eis aí o teu filho", depois disse ao discípulo: "Eis aí a tua mãe", e desde aquela hora o discípulo recebeu-a em sua casa (cf. Jo 19,25-27). O episódio tem vários níveis de leitura, e o discípulo representará, neste particular, a Igreja no seu conjunto. Mas uma coisa é certa: há uma amizade feita de confiança e de intimidade entre Jesus e esse discípulo amigo. Não é a qualquer pessoa que se confia a própria mãe! Como aqueles soldados que temem não sobreviver a uma guerra e escrevem ao amigo predileto pedindo: "Olha pelos meus velhotes", Jesus tem esse gesto de atribuir ao discípulo amigo a proteção de que a mãe precisaria.

A última vez que o discípulo amado vem referido é em João 21,24, quando se diz: "É este discípulo que dá testemunho destas coisas e as escreveu, e nós sabemos que o seu testemunho é verdadeiro". Ficamos sabendo, então, que o Evangelho foi escrito a partir da privilegiada testemunha que é um amigo. O relato de Jesus é construído do ponto de vista da amizade. O fato de esse discípulo ter permanecido anônimo estabelece um jogo muito envolvente com o leitor. O Evangelho é lido a partir do olhar do discípulo amigo, e, simbolicamente, o leitor assume a sua visão, a sua atitude e o seu lugar. O Evangelho de João e a amizade têm, de fato, uma relação fundamental.

Não servos, mas amigos

O Evangelho de João não nos relata a Última Ceia da forma que os Evangelhos sinópticos o fazem. Narra, sim, que no decorrer dela Jesus lava os pés dos discípulos (cf. Jo 13). É o único contato físico entre eles que os Evangelhos contam. O corpo não está ausente da amizade e é, por isso, tão simbólico que Jesus, que se dispõe a dar a vida pelos amigos, lave os seus pés, tocando cada um com o acolhimento radical da sua amizade. Nesse contexto, Jesus faz um discurso-chave para a teologia da amizade: "É este o meu mandamento: que vos ameis uns aos outros como eu vos amei. Ninguém tem maior amor do que quem dá a vida pelos seus amigos, vós sois meus amigos se fizerdes o que eu vos mando. Já não vos chamo servos, visto que o servo não está ao corrente do que faz o seu Senhor, mas a vós chamei-vos amigos porque vos dei a conhecer tudo o que ouvi de meu Pai" (Jo 15,12-15).

Houve um tempo na relação deles com Jesus que a palavra "servos" ou mesmo a palavra "discípulo" era apta a descrever o que viviam. Porém, é o próprio seguimento de Jesus que pede que elas sejam suplantadas. Agora só a palavra "amigo" vale para descrever alguém que segue Jesus, porque o próprio Jesus nos funda numa relação de conhecimento e de reconhecimento de tudo aquilo que ele ouviu do Pai. A experiência de amizade dos discípulos será, depois, ainda complementada pela vinda do Espírito Santo que vai conduzi-los à verdade total. O Espírito testemunha no coração deles aquilo que ainda não conseguiram abraçar: o sentido último, a verdade total sobre o que a amizade de Jesus representa.

És deveras meu amigo?

Na última conversa de Jesus com Pedro, ouve-se o marulhar suave do lago. É um diálogo impressionante. Gira todo em torno de um sutil jogo verbal que escapa em grande parte das traduções. Jesus parece perguntar a mesma coisa por três vezes: "Pedro, tu me amas?"; obtendo de Pedro também uma resposta que se repete: "Tu sabes que te amo." Contudo, o texto original grego é bem mais rico. O texto joga com o sentido de dois verbos: *philéo*, que expressa o amor de amizade; e *agapáo* que descreve um amor total. Jesus começa por perguntar a Pedro: "Simão... tu me amas com um amor total?" (Jo 21,15). Antes do drama da traição, o apóstolo teria imediatamente adiantado: "Amo--te, claro, sem qualquer reserva". Mas agora, que se sabe dolorosamente capaz de ser infiel, diz com humildade: "Senhor... tu sabes que sou realmente teu amigo". Isto é: "Amo--te como posso, com o meu frágil e inacabado amor." Jesus insiste com ele, pela segunda vez: "Simão, tu me amas com este amor total que eu espero?". E Pedro balbucia a resposta adequada às suas humildes, mas também realistas possibilidades: "Senhor, tu sabes que sou teu amigo". E quando pergunta pela terceira vez, Jesus altera a pergunta que faz a Simão e então lhe diz: "Então, és meu amigo?". O que quer dizer: "Tu és deveras meu amigo?". Simão compreende finalmente Jesus; que Jesus não nos pede o que nós não somos capazes de dar. Ele aceita a nossa amizade que fraqueja, os nossos sins ainda incipientes, os passos que damos vacilantes. Para fazer-nos subir até ele, Jesus desce até nós.

O Evangelho conta que Pedro ficou triste por Jesus se ter de adaptar à nossa humanidade. Mas é essa adaptação de Jesus, essa aceitação radical da nossa pobreza, esse seu caminhar incessante ao encontro da nossa amizade a fonte da nossa esperança. E tal como ao primeiro entre os discípulos, também a nós, a cada um de nós, Jesus repete apenas: "Segue-me".

6

A presença como dom

É um encontro improvável, mas que resume a sua missão, este em que Jesus se dirige a um inconveniente espectador da pequena cidade de Jericó, como se falasse a um velho amigo: "Zaqueu, desce depressa: preciso 'hoje' de ficar em tua casa" (Lc 19,5). E no remate da memorável jornada, Jesus atesta ainda, para desconcerto de muitos: "'Hoje' a salvação entrou nesta casa" (Lc 19,9).

Para o povo de Jericó, Jesus era um galileu com fama de profeta, fato suficiente para juntar uma chusma de curiosos em alvoroço. Provavelmente desconheciam as vozes que, para diminuí-lo, o acusavam de ser "amigo de publicanos e pecadores" (Lc 7,34), pois também eles se incomodarão com isso (cf. Lc 19,7) quando, aos olhos de todos, ele vier a escolher a casa de um pecador para hospedar-se! Mas se atendermos ao diálogo, entre Jesus e aquele líder dos mal-afamados publicanos que se torna seu amigo, há um elemento essencial que salta: é-nos mostrado que o acontecer da salvação liga-se fortemente à experiência de uma amizade que revira as magras expectativas que pareciam conter todo o presente. Não é certamente por acaso que Jesus sublinha o advérbio *hoje*. A amizade dá um outro valor ao tempo. Por mais modestos que sejam os meios da sua expressão, a amizade com Jesus torna o tempo uma epifania, um lugar de vida ganha, de vida salva.

O "hoje" da amizade

O advérbio "hoje" é utilizado 12 vezes por Lucas, no seu Evangelho, e dessas, há 9 que comparecem diretamente na boca de Jesus. Cada um dos hojes de Jesus contém uma possibilidade de salvação, mesmo se alguns deles colidem com a dureza dos corações. Isso acontece, por exemplo, na sinagoga da sua terra, Nazaré. Depois de ler a profecia messiânica de Isaías, Jesus diz aos presentes: "Hoje cumpriu-se a Escritura que ouvistes" (Lc 4,21). Mas, ao ouvir isso, em vez de lhe abrirem o coração, expulsaram-no como se nele vissem apenas um impostor. De igual modo, quando Jesus manda dizer a Herodes "Hoje, amanhã e depois, devo seguir o meu caminho, porque não se admite que um profeta pereça fora de Jerusalém" (Lc 13,33), ele sabe que Herodes considerava-o uma ameaça, não uma oportunidade. Nós sabemos por nós próprios: só quando a amizade se cimenta, o presente torna-se lugar de encontro e redenção.

É isso exatamente que a história de Zaqueu nos testemunha (cf. Lc 19,1-10). E há no Evangelho mais dois momentos em que o advérbio "hoje" joga esse papel. Ambos ocorrem em situações extremas, em que a salvação se diria impossível. Pedro trai a amizade de Jesus, e isso não é o fim; a recordação da sua palavra, "Antes do galo cantar, "hoje" me negarás três vezes" (Lc 22,34.61), torna-se na amarra fundamental para o reencontro. E o ladrão, crucificado a seu lado, começa com ele uma amizade quando o tempo parecia encerrado. Jesus murmura-lhe a mais bela garantia da sua amizade: "'Hoje' estarás comigo no Paraíso" (Lc 23,43). A amizade é, assim, um lugar onde, de forma misteriosa, o *hoje* da salvação se constrói.

Que *hoje* é esse? No Evangelho de S. Mateus, na prece do Pai-nosso, a oração que o próprio Jesus nos ensina a rezar, é usado também o advérbio *hoje*. Enquanto a versão de Lucas diz: "O pão nosso cotidiano (*epiúsion*) dá-nos em cada dia" (Lc 11,3), a de Mateus tem esta forma: "O pão nosso cotidiano (*epiúsion*) dá-nos hoje" (Mt 6,11). Jesus ensina-nos, por isso, a pedir o dom do presente: "Dá-nos 'hoje'".

A nossa petição como que se adensa ainda se pensarmos no duplo significado do termo grego que no verso do Pai-nosso traduzimos como "cotidiano" ou "de cada dia". Essa palavra (*epiúsion*) pode, de fato, traduzir-se assim, mas guarda ainda outro sentido: o de "iminente". No fundo, pedimos de Deus ambas as coisas: que ele nos dê hoje o pão de cada dia; e que ele nos dê hoje o "pão iminente", o "pão futuro que está chegando". Pode parecer um pormenor, mas ilumina o sentido do "hoje" que vivemos na amizade de Jesus e de uns com os outros. Cada uma das nossas amizades é chamada a tornar-se um presente que o futuro de Deus atravessa.

A vida é mistério de visitação

Ainda no Evangelho de Lucas encontramos o pranto de Jesus sobre a cidade de Jerusalém: "Quando se aproximou, ao ver a cidade, Jesus chorou sobre ela e disse: 'Se neste dia também tu tivesses conhecido o que te pode trazer a paz! Mas agora isto está oculto aos teus olhos. Virão dias para ti, em que os teus inimigos te hão de cercar de trincheiras, te sitiarão e te apertarão de todos os lados; hão de esmagar-te contra o solo, assim como aos teus filhos que estiverem dentro de ti, e não deixarão em ti pedra sobre pedra, por não teres reconhecido o tempo em que foste visitada'" (Lc 19,41-44).

É fundamental entendermos a vida como mistério de visitação. A cada hora somos visitados e, desse reconhecimento, depende a paz do nosso coração, depende o vigor da nossa esperança. A amizade é a aceitação de que Deus nos visita através do que nos é próximo. Com os amigos construímos uma história que é sagrada, mesmo se a nossos olhos parece apenas feita de coisas simples e muito humanas. Depende muito do que estamos dispostos a acolher, quando acolhemos os outros.

Há aquele homem que na sua oração pede ao Senhor uma coisa muito estranha: que ele viesse a sua casa!

"Gostaria que viesses a minha casa."

E a resposta ainda mais estranha foi. Deus diz:

"Está bem. Amanhã irei a tua casa".

O homem saiu imediatamente, arrumou, dispôs, virou, iluminou, poliu a sua casa, abriu as janelas de par em par e, desde a aurora, colocou-se à entrada. Sabia lá ele quando é que Deus viria! Estava assim sentado quando, logo de manhãzinha, veio um peregrino que caminhou a

noite toda, as sandálias sujas de lama, e já vinha subindo. Ele lhe diz:
– Alto!
– Dá-me abrigo.
– Não posso.
– Mas por quê? Tens o dever de acolher um peregrino.
– Não posso. Hoje a minha é uma casa que Deus vai visitar.

E o peregrino foi bater em outro lugar.

Ao meio da manhã, aproximou-se sorrateiro um menino que viu umas belas maçãs colocadas em cima da mesa posta e, pela janela, esticou um braço para tentar apanhar uma maçã. O homem segurou-lhe o braço com força e lhe disse:
– Mas o que é isso?
– É só uma!
– Não pode ser; estas maçãs são para Deus que vem me visitar hoje.

Passaram umas horas e veio um irmão dele, de longe; um irmão que ele amava e que queria, naturalmente, ficar em sua casa, mas ele mandou-o embora, porque naquele dia estava à espera de Deus.

E, quando chegou o crepúsculo, o homem sentiu-o como o mais duro da vida, porque Deus tinha-lhe prometido uma visita e ele esteve à espera, em vão, desde a aurora! Como ia ele agora encarar a noite, mais escura do que nunca? Então, ajoelha-se e, diante de Deus, chora toda a sua desilusão.

– Como é que me prometeste e não cumpriste? Por que é que disseste que me visitarias?

Mas Deus responde-lhe:

A presença como dom   73

– Por três vezes, hoje, tentei visitar-te e todas as vezes me disseste que não.

À pergunta "Onde Deus mora?", Martin Buber conta a resposta que um mestre sábio deu, e que temos de ouvir: "Deus mora onde o deixamos entrar".

7

Deus na cozinha

"Deus na cozinha" é um ponto de partida intrigante, mas pode constituir um apoio para iluminarmos o interior da vida espiritual, esse território também um pouco escondido, um pouco reservado como é o da cozinha. Tudo começa por uma afirmação de Santa Teresa de Ávila em *O Livro das fundações*. É a última obra que essa mística escreveu, e reúne materiais muito diversos recolhidos ao longo de anos. O tom geral é o de um livro de memórias: relata amizades e diálogos, sublinha encontros e desencontros, anota datas, desfia confidências... À sua maneira, talvez seja um dos volumes que melhor reflita a humanidade de Teresa de Jesus, o seu gosto de contadora de histórias, bem temperadas de humor e com uma invulgar capacidade de penetrar o coração.

No capítulo V, 7-8, deparamo-nos com o seguinte relato: "... Uma pessoa com quem falei há poucos dias, havia quinze anos que a obediência a trazia tão ocupada em ofícios e governos que, em todo este tempo, não se recorda de ter tido um só dia para si... Bem lhe pagou o Senhor pois, sem saber como, achou-se com aquela liberdade de espírito tão apreciada e desejada que têm os perfeitos e na qual acham toda a felicidade que nesta vida se pode desejar. [...] E não só esta pessoa, mas outras ainda conheci a quem aconteceu da mesma sorte. Não as via há muitos anos; e, perguntando-lhes eu em que os haviam passado, me diziam que todos em ocupações de obediência e caridade. Por outro lado, achava-as tão medradas em coisas espirituais que me espantavam. Eia pois, filhas minhas! Não haja desconsolo quando a obediência vos mantiver empregadas em coisas exteriores. Entendei que até mesmo na cozinha, entre as caçarolas, anda o Senhor...".

Santa Teresa alude a esse encontro com amigas suas com uma vida muito ativa, dispersa numa multiplicidade de projetos e empenhos, e que, no entanto, conseguem uma vitalidade espiritual. Há, de fato, um mal-entendido de séculos que opõe, no interior da nossa própria consciência, a contemplação à ação. Como se a vida ativa necessariamente nos desertificasse, atirando-nos para longe de nós próprios e de Deus. Ora, falando às suas irmãs contemplativas, Santa Teresa critica esse falso pressuposto e diz que a exterioridade pode não nos afastar da experiência espiritual mais profunda. Mesmo o gesto exterior mais corriqueiro ou ínfimo, mesmo os gestos sem nenhum destaque como são os da rotina da cozinha (serão mesmo sem destaque?), devem ser compreendidos de outra forma, pois o Deus Todo-Poderoso, o Grande Senhor do Universo, move-se pela nossa cozinha, entre os púcaros, entre as panelas, as vasilhas, as caçarolas e os tachos.

Gosto de uma passagem do filósofo Paul Ricoeur em que diz: "Sem uma tradução, as frases do mundo inteiro esvoaçariam entre os homens como borboletas inacessíveis". Sem aceitarmos o risco de traduzir e concretizar, a realidade de Deus que vem ao nosso encontro torna-se fugidia e impalpável. Podemos sorrir lendo Santa Teresa, e isso já é alguma coisa. Mas seria uma pena se da empatia inicial não nos sentíssemos chamados a entreabrir novos sentidos e a perceber a esperança com que eles nos olham.

Entrar no quarto mais secreto

Dizer que Deus se move na cozinha, até mesmo entre os púcaros e as caçarolas, implica colocar a relação com Deus e o reconhecimento da sua presença num contexto de proximidade. E uma proximidade tão chegada que nos causa algum embaraço. Mas, na cozinha? Por que aí e não na sala de visitas ou de jantar? Há uma vizinhança perante a qual sentimos pudor, para não dizer sobressalto ou medo. Preferimos colocar a questão de Deus num contexto de neutralidade. E na sua neutralidade Deus é invisível, Deus é transcendente, é inodoro, é asséptico, é insosso... Deus tranquiliza. A proximidade, que a metáfora da cozinha propõe, desassossega-nos, pois parece que Deus vai visitar um espaço talvez não digno, e, no fundo, ainda julgamos que há lugares e não lugares para Deus.

A esse conflito, proximidade *versus* neutralidade, vem juntar-se um outro: o da representação *versus* realidade. Não é que sejamos atores ou estejamos falseando o jogo da nossa relação com Deus, mas a nossa expressão espiritual tem muito de representação. Porque são gestos e ritos litúrgicos que fundam, por exemplo, a nossa oração; repetimos palavras que não são nossas, muito diferentes daquelas que correntemente utilizamos; há toda uma memória que mimetizamos e reproduzimos para dizer Deus e nos dizermos a ele. E muitas vezes achamos que a vida espiritual se resume a esse espólio de práticas que herdamos, repetimos, copiamos, transmitimos. Entre o espaço da representação, que é também necessário e precioso, e o espaço da nossa realidade gera-se, por vezes, uma espécie de assimetria, um nó de desencontros.

Dicotomias do espaço interior

A nossa casa é uma construção descontínua do espaço. Por isso, nos causa tanta estranheza o chamado *open-space*, que muitas empresas hoje adotaram. Nós precisamos de espaços diferenciados: uma coisa é a sala, o quarto, outra, a cozinha. Muitos escritores, por exemplo, exploraram as dicotomias que se podem estabelecer entre a sala de jantar e a cozinha. A sala de jantar como o lugar da convivialidade, da ordem, dos códigos de etiqueta, de um aprimoramento sem falhas, ornamental e perfeito, à maneira de um palco. E a cozinha como o outro lado, os bastidores, talvez mais próximo da realidade, mas também mais imperfeito, desordenado, com nódoas, panos espalhados ao acaso, sem aquele cuidado pelo bonito. A sala de jantar como o lugar do desfrutamento, à maneira de um doce intervalo para fruir, uma suspensão, e a cozinha como símbolo do trabalho servil, esforçado, não reconhecido. Fomos habituados a pensar a nossa vida espiritual como uma representação, um enredo que se passa na sala, onde aparecemos vestidos para ver a Deus, por dentro e por fora. A vida cotidiana, ínfima, rotineira achamos que não é para Deus, não a consideramos ao nível do sagrado. Contudo, diz-nos Santa Teresa: "Deus move-se entre os púcaros".

É interessante constatar como Jesus estava atento a esse dualismo representação/realidade. No capítulo 6 do Evangelho de Mateus, diz: "Quando orardes, não sejais como os hipócritas, que gostam de rezar de pé nas sinagogas e nos cantos das ruas, para serem vistos pelos homens. Em verdade vos digo: já receberam a sua recompensa. Tu, porém, quando orares, entra no quarto mais secreto e, fechada a porta, reza em segredo a teu Pai". Temos aqui a fuga e a relativização de toda a representação. Claro que é bom rezar na sinagoga: Jesus também rezou. Mas a realidade da oração não pode ficar limitada a esse contexto e deixar desabitado o nosso "quarto mais secreto". As expressões espirituais podem tornar-se perigosas se fixarem apenas uma aparência e forem vazias da nossa singularidade e da real transcendência de Deus. Entrar no recanto mais secreto da nossa casa é a garantia de que a representação é relativizada e que no escondimento, no lugar onde somos mais nós próprios, buscamos uma relação pessoal, humilde e verdadeira com Deus. Vivemos a sua amizade.

Pensar Deus a partir do cru e do cozido

Pensemos a questão de Deus a partir do cru e do cozido. *O cru e o cozido* é uma obra do antropólogo Claude Lévi-Strauss, em que ele estuda vários mitos indígenas da Amazônia, que têm em comum explicar o uso do fogo na cozinha. E por que se interessa tanto Lévi-Strauss por isso? Porque, diz ele, a cozinha assinala a passagem da natureza para a cultura. O cru representa o estado natural. O cozido é uma transformação operada pelos homens. A cozinha representa a construção da autonomia do homem diante da natureza, a sua capacidade de se diferenciar e de ser. O homem não é só fruto das circunstâncias naturais, ele também empresta alguma coisa de seu, de único.

Na maior parte desses mitos, o aparecimento do fogo e da cozinha faz-se à custa de uma ruptura com a divindade. Isso mesmo conta um relato mitológico que nos está mais próximo, o de Prometeu, que rouba o fogo aos deuses para o entregar aos humanos, e vem a sofrer um duro castigo. A cozinha é, assim, apresentada como um corte com o divino, um centramento no homem e nas suas possibilidades. Por isso, a imagem de Santa Teresa que descreve a passagem de Deus pela cozinha tem mais implicações do que aquelas que uma primeira leitura deixa prever. Deus vai à cozinha e não recrimina o homem pela sua autonomia. Não há uma concorrência: Deus não acusa o homem por este criar um espaço diferente da natureza, da criação. Deus aparece como inspirador. A imagem de Santa Teresa é inesperada, mas também pacificadora: "até mesmo na cozinha, entre as caçarolas, anda o Senhor."

Com Claude Lévi-Strauss aprendemos também que a cozinha é, por excelência, o lugar da transformação, ao contrário da natureza que nos apresenta linhas de imutável continuidade. Em cada uma das nossas cozinhas dão-se tantas transformações que elas se tornam quase invisíveis e já nos parecem banais. A cozinha é o lugar da instabilidade, da procura, da incerteza, das misturas inesperadas, das soluções imprevistas, das receitas adaptadas. A cozinha é o lugar da criatividade e da recomposição. Por isso, está desarrumada muitas vezes, quando não devia estar, porque a função da cozinha é viver nessa latência de recomposição. O antropólogo ensina-nos que a cozinha é metáfora da própria existência humana, pois precisamente essa capacidade de viver na transformação, numa mobilidade que não é só geográfica, distingue o homem.

A conversa de Santa Teresa torna-se sempre mais complexa quando pensamos o que é a cozinha. É muito fácil identificarmos a relação com Deus com linhas perenes. Os grandes paradigmas que herdamos falam da vida espiritual a partir da continuidade e da repetição. O ideal seria manter-se o mesmo, inalterado. Ora, a metáfora da cozinha fala da transformação como um benefício. Muitas vezes, o nosso conflito e a nossa dor nascem deste impasse: por um lado, não somos capazes das linhas de continuidade que idealizamos e, por outro, não estamos muito preparados para valorizar, de um ponto de vista espiritual, as modificações permanentes pelas quais passamos.

Deus é visível, nós somos invisíveis

O filósofo e antropólogo Michel de Certeau, com uma equipe de investigadores, dedicou uma grande atenção à antropologia do cotidiano e ao levantamento dos seus sinais, vendo nisso, que se considera como história menor ou não história, formas significativas para a compreensão do hábitat humano. Se acontecesse de cada um de nós ser interrogado sobre a sua vida, centrar-se-ia num conjunto de datas que apontam os grandes acontecimentos, o extraordinário. Contudo, o que determina mais fortemente a nossa vida é essa dimensão silenciosa e submersa que o paradigma da cozinha ajuda a revelar. Essa vida em espaços que não são públicos, nem publicáveis, como é a imagem de cada um de nós na sua cozinha, mostra a vida na sua concretude, no seu labor, na sua dificuldade e no seu desejo. Porque a cozinha é também o lugar do desejo. E a comida tem a ver com o desejo, desde que somos bebês e andamos à procura do leite da nossa mãe. Essa ligação fica-nos para sempre.

Gosto muito das linhas que Certeau escreveu a dar conta do seu projeto: "O cotidiano é o que nos revela mais intimamente... É uma história a meio-caminho de nós mesmos, quase em retrato, por vezes velado; não devemos esquecer este 'mundo memória', segundo a expressão de Péguy. A tal mundo estamos presos pelo coração, memória olfativa, memória dos lugares da infância, memória do corpo, dos gestos, dos prazeres... O que interessa ao historiador do cotidiano é o invisível".

Uma mística do cotidiano

Falar da cozinha é falar da invisibilidade que todos nós somos. Como é que se há de valorizar essa dimensão atravessada por Deus? Ou melhor: como é que nos deixamos atravessar por Deus na nossa invisibilidade? É muito cômodo dizermos que Deus é invisível e nós somos visíveis. Mas por detrás de uma verdade há sempre outra. E essa outra segreda-nos que Deus é visível e nós invisíveis. A cozinha lembra essa porção, talvez mais íntima e original, que nos constitui e tem a ver com o nosso corpo, com o nosso desejo, a nossa luta pela sobrevivência, os nossos prazeres, o encontro em que a transformação que nós damos às coisas reflete também aquela que acontece no nosso interior. Passar de uma espiritualidade que se funda na experiência do extraordinário para uma mística do cotidiano, para uma espiritualidade capaz de colher as dimensões dessa memória invisível que cada um transporta, é um desafio imenso. Lembro-me de uma história zen que se refere a um discípulo prestes a ser avaliado pelo mestre. Durante sete anos aprendeu, escutou, buscou com admirável persistência, inquiriu os grandes livros, sentou-se em silêncio entre os autorizados sábios. Agora, vai entrar na sala onde o mestre lhe vai fazer uma pergunta, uma só, mas que decide tudo. Saberá responder e, assim, ele também, passar à condição de mestre? Nos últimos dias, o discípulo redobrou aplicadamente o estudo. Não havia nada do que se pode saber do céu, da terra, ou das profundidades que ele, em verdade, não soubesse. Quando entra para junto do mestre, porém, a interrogação não pode ser mais desconcertante. O mestre pergunta-lhe apenas: "Ao entrares agora, onde deixaste os sapatos? À direita ou à esquerda do armário?".

O dar e o receber

Será que Jesus foi à cozinha? Será que falou e pensou na cozinha como lugar dessa memória invisível, indizível, transformante que cada homem e mulher transportam? O comer e o beber são muito importantes para entender todas as religiões e todos os grupos humanos. Os antropólogos dizem que quando se sabe onde se come, como se come, com quem se come e o que se come sabe-se o mais importante acerca de um grupo humano. O cristianismo também se interessou muito pela comida, mas ao contrário das outras duas religiões monoteístas, o judaísmo e o islamismo, deixou cair os interditos alimentares. A mesa e a refeição tornam-se por excelência o lugar da memória, do encontro e da utopia cristã.

Jesus não nos ensinou a confeccionar um prato. Lendo os Evangelhos não conseguimos preparar um jantar, mas somos capazes de organizar um banquete: quem devemos prioritariamente convidar, onde nos devemos sentar, qual deve ser a nossa atitude etc. Ele foi acusado de comilão e beberrão pelos seus opositores, e pelo visto era. E uma das últimas coisas que disse foi: "Desejei ardentemente comer esta Páscoa convosco" (Lc 22,15). O comer não era alguma coisa pontual na vida de Jesus. É interessante o verbo que utiliza, "desejei", porque a refeição está ligada ao desejo.

Os Evangelhos contam-nos várias refeições, cujo sentido nós enfraquecemos lendo-as sobretudo pelo lado do milagre e do maravilhoso, que nos deixa despertos, mas não inquietos. Ficamos rapidamente saciados com o milagre. Esquecemos que as refeições são atos performativos de Jesus em que ele explicita a impertinência do seu projeto, colocando os que não podem estar juntos à volta da mesma mesa, estendendo num prado fraterno e igualitário uma multidão incontável de homens e de mulheres.

Mas, para lá das refeições, há pelo menos dois episódios em que Jesus olha para lá da mesa e o seu olhar chega até a cozinha. O primeiro episódio é o da história das suas amigas Marta e Maria (cf. Lc 10,38-42): "Continuando o seu caminho, Jesus entrou numa aldeia. E uma mulher, de nome Marta, recebeu-o em sua casa. Tinha ela uma irmã, chamada Maria, a qual, sentada aos pés do Senhor, escutava a sua palavra. Marta, porém, andava atarefada com muitos serviços; e, aproximando-se, disse: 'Senhor, não te preocupa que a minha irmã me deixe sozinha a servir? Diz-lhe, pois, que me venha ajudar'. O Senhor respondeu-lhe: 'Marta, Marta, andas inquieta e perturbada com muitas coisas; mas uma só é necessária. Maria escolheu a melhor parte, que não lhe será tirada'".

Jesus tem um olhar crítico para o modo como Marta vivia o seu estar na cozinha. Esse é descrito pelo narrador lucano, que normalmente é muito preciso, como um "andar atarefado com muitos serviços" e distanciado do hóspede. Querendo arregimentar nesse serviço a própria irmã, Jesus critica essa atitude do fazer, que não dá espaço àquilo que é a única coisa necessária: o acolhimento do dom, estar atento ao dom, o dom daquele hóspede. Há um fazer que está em diálogo com o dom, há outro porém que nos faz esquecer o sentido e o sabor da dádiva. Há um fazer que é só fazer, e há outro que nos torna mais capazes de acolher. Não estar apenas preocupado em dar, mas também em sintonizar com o dom. A cozinha pode ser apenas o lugar do fazer, do serviço, da satisfação de necessidades, da rotina, muito mais que da descoberta. Jesus quer que Marta se reencontre no interior da sua cozinha. Nem sempre é evidente a relação entre o ter de dar, ter de servir e o dar e o servir realmente.

Quando Jesus cozinhou, ao amanhecer

O outro episódio surge no capítulo 21 do Evangelho de São João e conta a última refeição de Jesus. "Algum tempo depois, Jesus apareceu outra vez aos discípulos, junto ao lago de Tiberíades, e manifestou-se deste modo: estavam juntos Simão Pedro, Tomé, a quem chamavam o Gêmeo, Natanael, de Caná da Galileia, os filhos de Zebedeu e outros dois discípulos. Disse-lhes Simão Pedro: 'Vou pescar'. Eles responderam-lhe: 'Nós também vamos contigo'. Saíram e subiram para o barco, mas naquela noite não apanharam nada. Ao romper do dia, Jesus apresentou-se na margem, mas os discípulos não sabiam que era ele. Jesus disse-lhes, então: 'Rapazes, tendes alguma coisa para comer?' Eles responderam-lhe: 'Não'. Disse-lhes ele: 'Lançai a rede para o lado direito do barco e haveis de encontrar'. Lançaram-na e, devido à grande quantidade de peixes, já não tinham forças para a arrastar.

Então, o discípulo que Jesus amava disse a Pedro: 'É o Senhor!' Simão Pedro, ao ouvir que era o Senhor, apertou a capa, porque estava sem mais roupa, e lançou-se à água. Os outros discípulos vieram no barco, puxando a rede com os peixes; com efeito, não estavam longe da terra, mas apenas a uns noventa metros. Ao saltarem para a terra, viram umas brasas preparadas, com peixe em cima, e pão. Jesus disse-lhes: 'Trazei dos peixes que apanhastes agora'. Simão Pedro subiu à barca e puxou a rede para a terra, cheia de peixes grandes: cento e cinquenta e três. E, apesar de serem tantos, a rede não se rompeu. Disse-lhes Jesus: 'Vinde almoçar'. E nenhum dos discípulos se atrevia a perguntar-lhe: 'Quem és Tu?', porque bem sabiam que era o Senhor. Jesus aproximou-se, tomou o pão e deu-lho, fazendo o mesmo com o peixe. Esta já foi a terceira vez que Jesus apareceu aos seus discípulos, depois de ter ressuscitado dos mortos".

Esse episódio é muito interessante pelo cruzamento de duas histórias: a história de uma faina falhada resolvida por Jesus em abundância, e outra mais silenciosa dentro dessa, a história de um amigo que na margem daquela noite, daquele amanhecer, na margem daqueles dias difíceis, de crescimento, que são os dias da Páscoa, prepara peixes e pão para oferecer. É necessário que a faina, o labor, a necessidade de pescar os 153 grandes peixes não impeçam o maravilhamento e o desejo de receber. Ali, o importante não é o que eles acharam, mas o peixe único que Jesus virou sobre as brasas naquele amanhecer. É importante que a rotina da cozinha não emudeça o dinamismo do dom, sermos dom acolhendo o dom uns dos outros.

Do ornamental ao real: reencontrar o fio do desejo

Há um texto muito provocador de Roland Barthes, incluído na sua obra *Mitologias*, e que se intitula "Cozinha ornamental". É a análise de um motivo que até parece frívolo. Uma série de revistas cor-de-rosa dão muita atenção à culinária, mas a uma culinária que não se pode fazer, pois é de um requinte tal, de um barroquismo, de um exagero que serve apenas para comer com os olhos, para ver no papel. Trata-se de uma comida mitológica, irreproduzível, ornamental. Ele conta: "A revista *Elle* oferece-nos quase todas as semanas uma bela fotografia em cores de um prato preparado: perdizes douradas incrustadas de cerejas, frangos com geleia rosada, travessas de caranguejos rodeados de conchas vermelhas, tortas ornadas de desenhos de frutos cristalizados, bolos de nata multicolores etc. [...] A ornamentação procede por duas vias contraditórias: por um lado, afasta-se da natureza, graças a um barroquismo delirante (espetar cerejas num limão, alourar um frango, servir pamplumossas quentes) e, por outro, tenta reconstruí-la, através de um artifício extravagante (dispor cogumelos, merengues e folhas de azevinho sobre um cepo de Natal, colocar cabeças de caranguejos à volta do bechamel sofisticado que lhes tapa o corpo). [...] A cozinha da *Elle* é uma cozinha de ideias. A sua invenção, confinada a uma realidade feérica, deve incidir de forma exclusiva sobre os enfeites, porque a vocação da revista proíbe-a de abordar os problemas reais da alimentação".

Há também uma vida espiritual só de papel, e propostas sazonais de ornamentação em que temos de pôr cerejas em limões e decorar delirantemente o nosso percurso interior. Em que medida a nossa espiritualidade pode escapar ao ornamental? A solução passa, talvez, pelo reencontro da nossa cozinha e perceber que, nesse real, Deus se move. E nos permite, no mais verdadeiro de nós, retomar o fio da amizade e do desejo.

8

À mesa, saboreamos a amizade de Jesus

É verdade que a Eucaristia (cf. Lc 22,19-20), centro da vida do Reino, é uma refeição, e que ela condensa, em torno de uma mesa, o inteiro destino do Senhor, como se todos os seus gestos e palavras confluíssem, afinal, para a unidade de um único gesto e de uma única palavra. Mas a Eucaristia nasceu já como uma refeição atípica, impregnada de uma semântica irredutível a esse enquadramento. Desde o princípio foi relatada e acolhida, na fé da comunidade cristã, como o Dom radical de si que Jesus protagonizou e como comensalidade que congrega os crentes à volta desse acontecimento. Contudo, aquilo que se verifica é que, além da Eucaristia, os Evangelhos estão costurados pela memória de outras refeições. E estas, colocando Jesus numa situação simbólica cheia de implicações, iluminam para nós o sentido profundo da amizade de Jesus.

O significado antropológico do "comer em companhia"

O comer em companhia transforma a satisfação de uma necessidade primária num momento social de grande alcance. A mesa reflete a vida como um espelho. À mesa não acontece apenas a consumação de um ato biológico, mas a significativa expressão de alguns dos códigos mais intrínsecos a uma cultura. Já em Plutarco se lia que não nos sentamos à mesa simplesmente para comer, mas para comer com, e essa convivialidade constituía, no quadro de valores do mundo mediterrânico de então, um fator de distinção entre o homem civilizado e o bárbaro.

A companhia à mesa faz do motivo da alimentação uma espécie de microcosmo que reflete desejos e interditos, práticas e tráficos de sentido. Ao observarmos o modo como se desenvolvem as refeições ficamos na posse da estrutura interna, valores e hierarquias de um determinado grupo humano, bem como dos limites que ele estabelece com o mundo que o rodeia. Pois, quando se chega a perceber a lógica e o conteúdo dos alimentos, bem como a ordem que regula a mesa (com quem se come, onde se come, a lógica dos diversos lugares e funções à mesa...), alcança-se um conhecimento muito importante.

Veja-se o caso dos banquetes gregos. Eles desenvolviam-se normalmente em duas etapas: a refeição propriamente dita, e o simpósio, um tempo posterior ao pasto, ocupado com o beber e o conversar. Este era o momento em que emergia o tema de diálogo comum, pelo qual todos os convivas se interessavam. A mesa é também um pacto de linguagem, pois o hóspede traz como dom a narração da sua história. É um espaço/tempo onde o contar se realiza no contar-se. Diante dos que me escutam, abre-se a possibilidade autobiográfica, que permite recompor os fragmentos, enlaçar os fios quebrados, encontrar as palavras que segredam a íntima arquitetura da vida. Podemos evocar Ulisses que, nas diversas etapas do seu retorno a Ítaca, assume o estatuto de hóspede e vai revelando, progressivamente, a sua identidade. A dada altura, por exemplo, pediu-lhe o rei dos Feácios: "Meu hóspede, não me ocultes... o que te vou perguntar; fala com franqueza! Diz-me como na pátria o teu pai e a tua mãe e os outros homens da cidade te chamam... Nomeia também a tua terra, o teu povo e a tua cidade..."

Depressa o simpósio (enquanto realidade e dispositivo literário) se torna também território privilegiado para a prática da filosofia. Em Platão e Xenofonte, é Sócrates o convidado principal dos repastos, e o objetivo do simpósio ultrapassa o estrito comprazimento de um convívio para representar a procura disputada da verdade.

Um ideal bíblico

Ainda hoje se diz que "o judaísmo se aprende comendo". Partindo do que está inscrito na Lei (Lv 11; Dt 14) e na tradição, pode dizer-se que as escolhas alimentares de um membro do povo de Deus fundamentam a sua identidade. De fato, não podemos esquecer que o primeiro mandato que Deus estabeleceu para Adão e Eva, no relato do jardim, foi de categoria alimentar ("Podes comer de todas as árvores do jardim. Mas da árvore do conhecimento do bem e do mal não comerás, porque no dia em que dela comeres terás de morrer" – Gn 2,16-17); que a terra prometida é sobretudo definida em termos dos seus recursos alimentares, terra onde "corre leite e mel" (Dt 6,3; 8,8; 11,9; 26,9-10.15; 27,3; 31,20; 32,13-14); que o objetivo da grande marcha de Moisés com o povo, do Mar Vermelho ao rio Jordão, é "comer e regozijar-se" diante do Senhor Deus (Dt 27,7). A consumação do Êxodo expressa-se numa idealização da comensalidade: uma comensalidade celebrada na abundância dos frutos da colheita e na solidariedade entre todos os membros do povo.

O paradigma do banquete torna-se, depois, na literatura profética, um motivo que anuncia os tempos messiânicos. A presença implícita do Messias faz irromper, por entre os naufrágios e dilacerações da história, a plenitude do encontro da salvação de Deus. Essa recriação messiânica é frequentemente representada pela imagem do banquete: "Iahweh dos Exércitos prepara para todos os povos, sobre esta montanha, um banquete de carnes gordas, um banquete de vinhos finos, de carnes suculentas, de vinhos depurados... O Senhor Iahweh enxugou as lágrimas de todos os rostos" (Is 25,6.8). Desse banquete, os pobres não são esquecidos: "Todos vós que tendes sede, vinde à água. Vós, os que não tendes dinheiro vinde, comprai e comei; comprai, sem dinheiro e sem pagar, vinho e leite" (55,1); e a eles, especialmente, é reiterada a promessa dos novos tempos: "Haveis de deleitar-vos com manjares revigorantes" (Is 55,2).

No plano da práxis, porém, esse ideal bíblico não passou, muitas vezes, disso mesmo, de um ideal. Pois a realidade é que a comensalidade servia para reforçar linhas de divisão, consolidando mecanismos de exclusão no tecido social e religioso. Contra esse estado de coisas vai a profecia de Amós: "Eles estão deitados em leitos de marfim, estendidos em seus divãs, comem cordeiros do rebanho e novilhos do curral, improvisam ao som da harpa, como Davi, inventam para si instrumentos de música, bebem crateras de vinho, ungem-se com o melhor dos óleos, mas não se preocupam com a ruína de José" (Am 6,4-6).

Jesus, hóspede dos fariseus

Uma das particularidades do Evangelho de Lucas é contar-nos que, por três vezes, Jesus foi hóspede da mesa dos fariseus: "Um fariseu convidou-o a comer com ele" (7,36); "Enquanto falava, um fariseu convidou-o para almoçar em sua casa" (11,37); "Certo sábado, ele entrou na casa de um dos chefes dos fariseus para tomar uma refeição" (14,1). Essas ocasiões constituem, em si, um inegável traço de gentileza da parte dos fariseus para com Jesus (o que nos faz mesmo pensar que o terceiro Evangelho atenue, em parte, o polêmico tom antifarisaico dos outros sinópticos), não deixam de ser episódios dominados pela controvérsia, pois Jesus revela-se um hóspede inconveniente. Na primeira refeição (7,36-50), Jesus permite que uma mulher pecadora o toque, contaminando de impureza aquela situação e, perante tal espetáculo, o seu anfitrião fariseu põe em causa que ele seja um profeta. Na seguinte, a propósito das abluções, Jesus profere um discurso violento contra a hipocrisia ritualista de fariseus e escribas que cuidam obsessivamente do exterior, enquanto o interior continua cheio "de rapina e perversidade" (11,39). Discurso que desencadeia uma perseguição por parte deles a Jesus (cf. 11,53). Na terceira refeição, Jesus cura um hidrópico em dia de sábado e critica o protocolo da mesa (a seleção dos convidados e a estratégia da sua colocação), terminando por contar a parábola do banquete recusado que terá por comensais os convivas mais inoportunos (bandos de pobres, estropiados, cegos e coxos).

Os banquetes com os fariseus representam, no caminho de Jesus, não uma experiência de encontro, mas de confronto, porque Jesus e a sua missão não eram suscetíveis de ser absorvidos por aquela religiosidade fundamentada na exclusão. O que vemos é o seleto ambiente farisaico ser franqueado por pecadores que procuram e têm acolhimento de Jesus. E o pomo de discórdia será a amizade de Jesus com eles. O problema não era propriamente que Jesus comesse e bebesse, porque o ascetismo de João era duramente recusado pelas autoridades do povo (cf. Lc 7,33). A questão é que Jesus comesse e bebesse na companhia dos pecadores, fazendo da comensalidade um encontro para lá das fronteiras que a Lei estabelecia. E, na parábola dos que recusam o Banquete escatológico, Jesus faz entrar nele precisamente estes que eram considerados o refugo. Pobres, impuros e pagãos, aqueles personagens-tipo que um fiel tinha a obrigação de afastar do seu convívio, são mais do que convidados, são impelidos, são obrigados a entrar no Banquete, exprimindo assim o triunfo da graça sobre a sua falta de preparação (cf. Lc 14,15-24). Como entender essa amizade de Jesus?

Jesus, amigo dos pecadores

Aceitando comer e beber com os pecadores, Jesus infringe o poderoso sistema de pureza. Mas a verdade é que o gesto de Jesus não é apenas de ruptura, mas de afirmação

de uma nova experiência de Deus. Na linha da abrangência universalista do banquete messiânico que os profetas projetaram para o futuro, Jesus reivindica para o seu hoje uma vivência religiosa que vá além do reforço da legalidade, promovendo que os excluídos regressem à amizade de Deus.

A intenção de Jesus pode ser colhida na primeira refeição que ele mantém com os pecadores, na casa do publicano Levi. Após Jesus ter chamado à condição de discípulo o publicano Levi, este ofereceu um banquete. Ora, os fariseus e escribas questionaram a mistura de Jesus e dos seus discípulos com aquela gente considerada impura: "Porque comeis e bebeis com os publicanos e os pecadores?" (Lc 5,30). A resposta que Jesus lhes dá representa uma espécie de chave de leitura da originalidade do seu ministério. Na verdade, Jesus não luta pela abolição das normas a que eles se atam, mas fala, sim, da emergência de uma necessidade superior: "Os sãos não têm necessidade de médico e sim os doentes" (Lc 5,31).

Há um colorido sapiencial, quase explicativo, nessa afirmação em que Jesus se compara ao médico que incorre em risco de contágio para realizar o propósito irrecusável de atender à indigência do doente. Jesus veio chamar os pecadores à conversão. Ele não olha para os pecadores em abstrato, ou numa atitude desculpabilizadora, mas vê os singulares integrados em situações históricas concretas que funcionam como ponto de partida para um verdadeiro encontro de amizade, que é sempre um encontro de transformação.

Jesus dirigiu, sem qualquer tipo de reserva, a sua atenção a pessoas declaradas impuras, por causa de doenças, possessões ou deficiências. Ao contrário do que vem prescrito em Lv 21,17-20, afirmou que "estropiados, coxos e cegos" devem ser os convidados preferenciais, quando se dá uma festa (cf. Lc 14,12-14). Manteve uma reconhecida comensalidade com gente moralmente inconveniente. Foi visto com pecadores e publicanos e, com eles, sentava-se à mesa. E não se defendeu, nem se mostrou ofendido pelo contato de uma pecadora pública (cf. Lc 7,37-39).

É curioso notar como sutilmente o narrador rebate e desmonta esta imagem de Jesus, ao longo de todo o relato. O tópico de Jesus, em Lc 5,32, "Eu não vim chamar os justos, mas sim os pecadores", com esse acréscimo tipicamente lucano, "à conversão", explica bem que, na base do programa narrativo do personagem, está a transformação radical das situações. Lucas, por exemplo, não se cansa de sublinhar isso: os mortos que Jesus toca ressuscitam; os leprosos são purificados; a hemorroíssa fica curada; o cego passa a ver; a pecadora é perdoada dos seus pecados. Jesus colocava as pessoas em relação com Deus, relativizando ou dando um sentido novo às normas de pureza. Tudo se liga à percepção que Jesus tem de Deus e da sua identidade pessoal.

Para os fariseus e escribas, Jesus levava longe demais a sua convivência ao sentar-se na mesma mesa com pecadores, já que a comunidade da mesa unia os comensais entre si. Mas não quiseram ver quanto a amizade de Jesus constituía a oportunidade para uma radical conversão que inaugurava, no tempo daquelas vidas, o tempo do Reino de Deus. É certo que a experiência da misericórdia e do perdão de Deus não são propriamente uma novidade em relação à tradição bíblica anterior. Mas essa insistência, prefigurada na amizade, de um dom da misericórdia divina sem condicionamentos prévios e em ato (não são os pecadores que se convertem para assim alcançar misericórdia; os pecadores são alvo da misericórdia e convertem-se!), é tão inédita que soa a escandalosa. Pois não é só o ato simbólico que Jesus cumprirá depois, o da purificação do Templo (cf. Lc 19,45-46) e o anúncio da ruína deste (cf. Lc 21,5-7), que o colocam em rota de colisão com as autoridades sacerdotais. É o seu próprio ministério que afirma uma autonomia original em relação à tutela que o Templo desempenhava na religiosidade de Israel. Ao apresentar-se, na comensalidade amigável com os pecadores, como "aquele que perdoa" os pecados, Jesus reivindica a superação do Templo. De certa maneira, os ritos do Templo perdem a sua eficácia. Só quem encontra Jesus é tocado por uma fé que salva (cf. Lc 17,19).

O que nos impede a alegria

Mas Jesus não anuncia unicamente que veio ao encontro dos pecadores. A sua afirmação tem um alcance maior, mais polêmico e dirimente: "Eu não vim chamar os justos, mas sim os pecadores, à conversão" (Lc 5,31-32). Será que com essa afirmação Jesus põe de lado os justos, e por sua vez, também ele, exclui? O que Jesus faz é constatar que os pecadores sentem carência do encontro e da amizade, pois reconhecem "necessidade de médico" (5,31), enquanto os que se têm por justos se enclausuram numa humana pretensão acerca de si mesmos. A consciência de uma justiça pessoal ou de grupo funciona como um impedimento para reconhecer a novidade que Jesus inscreve. Por isso, o modelo de atitude perante Jesus, que o relato evangélico defende, é o do pecador. Mesmo Pedro, o primeiro dos discípulos, a primeira coisa que diz a Jesus é: "Afasta-te de mim, Senhor, porque sou um pecador" (Lc 5, 8)! Ora, a autoconsciência da sua fragilidade era também o motor da abertura à amizade de Jesus.

O capítulo 15 da narrativa lucana, o chamado "evangelho dos perdidos" (a ovelha, a dracma, o filho), parte de uma acusação que faziam a Jesus. Os primeiros versículos (1-2) traçam-nos o seguinte quadro: "Todos os publicanos e pecadores estavam se aproximando para ouvi-lo. Os fariseus e os escribas, porém, murmuravam: 'Este homem recebe os pecadores e come com eles'". A resposta de Jesus (as três parábolas da misericórdia) não sossega os ouvidos da sua audiência.

Ao descrever, na última das histórias (cf. Lc 15,11-32), o comportamento de um pai que, em vez de colocar justíssimas objeções ao regresso do filho extraviado ordena uma festa para celebrar o seu regresso – uma festa que nunca tinha proporcionado ao filho que havia permanecido com ele –, rompe com uma ideia aceitável de Deus. Jesus não apenas revelava um Deus que corria a abraçar o regresso dos perdidos, mas um Deus que podemos perder, se não o aceitarmos tal qual ele é, no seu desmesurado desejo de amizade.

Deus solicita ao justo para celebrar com alegria a conversão do pecador ("Alegrai-vos comigo, porque encontrei a minha ovelha perdida", Lc 15,6; "Alegrai-vos comigo, porque encontrei a dracma que havia perdido", Lc 15,9; "Era preciso que festejássemos e nos alegrássemos [...], pois ele estava perdido e foi reencontrado", Lc 15,32). A fidelidade do filho mais velho, aquela que ele próprio recorda ao pai ("há tantos anos que eu te sirvo, e jamais transgredi um só dos teus mandamentos", Lc 15,29) e que o pai reconhece ("filho, tu estás sempre comigo", Lc 15,31), teria a sua maior prova na aceitação do irmão que regressa. A alegria da conversão só é plena se o justo aceitar amigavelmente no recém-chegado o irmão perdido e tomar lugar na festa daquela casa onde se ouvem, diz-nos Lucas, "músicas e danças" (Lc 15,25).

A comunidade de mesa e a amizade com os pecadores podiam ser tidas, pelos que lhe eram adversários, como uma insolência de Jesus, uma atuação anárquica do ponto de vista social e religioso. Mas era bem mais do que isso: era a expressão de que o Reino tinha chegado com ele, e a alegria comum e sem fronteiras era uma realidade possível. Não admira que a amizade se torne um dispositivo fundamental de revelação cristológica.

9

Um amigo é uma testemunha

Nós somos feitos de tempo; somos amassados da argila do tempo; somos feitos de idades, de estações, de horas, de dias; somos feitos de cronometrias, isto é, de medições de tempo, visíveis e invisíveis. De fato, tudo o que é humano é feito de tempo; somos um reservatório de tempo; lençóis de tempo que se vão acumulando. Para dizer numa palavra – somos duração.

Muitas vezes, quando vamos ao encontro do nosso rosto, sentimos com surpresa que passou um tempo. Acontecem-nos ambas as situações: tanto temos uma aguda consciência da passagem do tempo, como o tempo para nós é uma surpresa, pois não nos demos conta de que tenha passado, ou tenha passado, por nós, assim. Numa vida espiritual acesa precisamos de meditar sobre o tempo. Há um trecho de uma obra de Romano Guardini, intitulada *A aceitação de si mesmo e as idades da vida*, que me parece, a esse nível, exemplar. Diz o teólogo: "Para mim mesmo, eu não sou simplesmente uma coisa evidente. Sou também um estranho, sou enigmático, poderei mesmo dizer sou um desconhecido".

Falar do tempo é falar dessa complexa aparição a nós próprios, referir a surpresa com que nos colhemos, nomear o espanto de, tantas vezes, sermos uns completos estranhos para nós mesmos. Quando eu me vejo, quem vejo? Quando eu me olho, é a mim mesmo que observo? Esta pessoa que eu tinha a certeza de conhecer muito bem, com uma estabilidade inquestionável – eu sou isto, eu sou aquilo – percebo-a agora em mutação, pois cada um de nós é um fluxo, uma viagem, um projeto aberto, uma epifania inacabada. Escreve Santo Agostinho nas *Confissões*: "Que é pois o tempo? Se ninguém me pergunta eu sei, mas se desejo explicar a quem o pergunta não o sei".

Um amigo é uma testemunha

Há um provérbio que diz: "Viver sem amigos é morrer sem testemunhas". Os amigos trazem à nossa vida uma espécie de atestação. Os amigos sabem o que é para nós o tempo. Eles testemunham que somos, que fizemos, que amamos, que perseguimos determinados sonhos e que fomos perseguidos por este ou aquele sofrimento. E fazem-no não com a superficialidade que, na maior parte das vezes, é a das convenções, mas com a forma comprometida de quem acompanha. O olhar do amigo é uma âncora. A ela nos seguramos em estações diferentes da vida para receber esse bem inestimável de que temos absoluta necessidade e que, verdadeiramente, só a amizade nos pode dar: a certeza de que somos acompanhados e reconhecidos. Sem isso a vida é uma baça surdina destinada ao esquecimento.

A história de cada um de nós consuma-se através de uma necessidade de reconhecimento. Para haver um "eu" tem de existir um "tu". Com cada homem vem ao mundo algo de novo que nunca antes existiu, algo de inaugural e de único, mas é na construção de uma reciprocidade que de forma consistente o podemos descobrir. O "eu" tem imperiosa carência de ser olhado amigavelmente por outro, e por outros, para organizar-se e ousar o risco de ser. Já escrevia Aristóteles na Ética a Nicômaco: "O homem feliz tem necessidade de amigos". Nós adoecemos da ausência de amigos. Precisamos desse reconhecimento mútuo, pessoa a pessoa: um reconhecimento não fundado no confronto ou na competição, mas no afeto; não determinado meramente pelas leis da justiça ou pelos vínculos de sangue, mas assente na gratuidade.

Cheio de uma sabedoria muito mergulhada na Bíblia, Martin Buber lembra que a vida do ser humano não se pode restringir apenas ao âmbito dos verbos transitivos: o que eu faço, o que eu compro, o que eu como... Os verbos transitivos inscrevem-nos no domínio do "Isso". Mas a verdade é que o "Isso" não basta: precisamos de um "tu". O "Isso" é uma coisa que possuímos. Pelo contrário, quem diz "tu" não possui coisa alguma, e, a bem dizer, não possui nada: permanece simplesmente em relação. E a relação é o nosso princípio.

Sereis minhas testemunhas

Não é por acaso que, de cada discípulo, Jesus espera que se torne testemunha. A etapa do caminho que ocupa, de longe, a maior parte das narrativas evangélicas foi, mais do que um momento de formação intelectual, uma escola de amizade e de vida. "'Mestre, onde moras?' Ele respondeu-lhes: 'Vinde e vereis'. Foram, pois, e viram onde morava e ficaram com ele" (Jo 1,38-39). "Ficar com", "permanecer", "caminhar ao lado" são sinónimos da palavra amizade.

A amizade não se alimenta de encontros episódicos ou de feitos extraordinários. A amizade é um contínuo. Tem sabor a vida cotidiana, a espaços domésticos, a pão repartido, a horas vulgares, a intimidade, a conversas lentas, a tempo gasto com detalhes, a risos e a lágrimas, à exposição confiada, a peripécias à volta de uma viagem ou de um dia de pesca. A amizade tem sabor a hospitalidade, a corridas atarefadas e a tempo investido na escuta. A amizade enche a casa de perfume (cf. Jo 12,3). A amizade é o espaço para frases como "Tendes alguma coisa para comer?" (Jo 21,5), "Que discutíeis pelo caminho?" (Mc 9,33), "Vinde e descansai um pouco" (Mc 6,31), "Passemos para a outra margem" (Mc 4,35). A amizade não se satisfaz apenas com a versão pública dos acontecimentos, mas procura sempre um outro lado, um ângulo diferente para olhar mais fundo. Nesse sentido, é o próprio Evangelho que nos conta que Jesus falava em parábolas às multidões, mas depois tomava os discípulos, em particular, e explicava-lhes o sentido escondido na sua mensagem (Mc 4,33-34). Os discípulos podem ser investidos como testemunhas, porque viveram uma história de amizade de que se tornam portadores. Também aqui se pode aplicar o que ensinou a raposa ao principezinho, no livro de Saint-Exupéry: "Foi o tempo que perdeste com a tua rosa que tornou a tua rosa tão importante para ti". Há uma qualidade de relação que só se obtém no tempo partilhado. Só com tempo descobrimos o sentido e a relevância da nossa marcha ao lado uns dos outros. Sem isso tornamo-nos desconhecidos. É preciso ter testemunhado para ser testemunha. "Já não vos chamo servos – há de dizer-nos Jesus –, porque o servo não sabe o que faz o seu Senhor. A vós chamo-vos amigos, porque vos dei a conhecer tudo o que ouvi de meu Pai" (Jo 15,15).

É pertinente anotar que, na Igreja apostólica, a legitimidade para anunciar se liga diretamente à condição de testemunha (e nesse sentido também de amigo). São preciosas as palavras que constituem o preâmbulo da primeira carta de João: "O que existia desde o princípio, o que ouvimos, o que vimos com os nossos olhos, o que contemplamos e as nossas mãos tocaram relativamente ao Verbo da Vida – de fato, a Vida manifestou-se; nós a vimos, dela damos testemunho e anunciamos-vos a Vida eterna que estava junto do Pai e que se manifestou a nós – o que nós vimos e ouvimos, isso vos anunciamos, para que também vós estejais em comunhão conosco" (1Jo 1,1-3).

Ser cristão hoje

O teólogo Karl Rahner escreveu que "a Igreja tem sido conduzida pelo Senhor da história para uma nova época". Penso que a ninguém será indiferente a verdade dessa afirmação, quando olhamos o amplo movimento de recomposição por que passa hoje o campo religioso. Não se trata só de baixas drásticas nos indicadores estatísticos, quando se compara a atualidade com aquele que já foi o quadro da vivência da fé. A questão é bem mais complexa. Talvez o que o nosso tempo descobre, mesmo entre convulsões e incertezas, seja um modo diferente de ser crente, traduzido de formas alternativas nas suas necessidades, buscas e pertenças. Não estamos perante o crepúsculo do cristianismo, como defendem aqueles que se apressam a chamar pós-cristãs às nossas sociedades. Quem não se apercebe que o radical lugar do cristianismo foi sempre a habitação da própria mudança não o colhe por dentro. Mas há eixos que se vão tornando suficientemente claros para que seja cada vez mais um dever os enunciarmos e contarmos com eles.

Aponto três: primeiro, os cristãos regressam à condição de "pequeno rebanho". Com a evaporação de um cristianismo que se transmitia geracionalmente como herança inquestionada, dentro de mecanismos sociais mais homogêneos, os cristãos voltam a sê-lo por decisão pessoal, uma decisão muitas vezes na contracorrente, maturada de modo solitário em relação aos círculos mais imediatos de pertença. Já não é de modo previsível que nos tornamos cristãos. Isso acontece e acontecerá cada vez mais como uma opção e uma surpresa.

Depois, à medida que se assiste a um enfraquecimento da inscrição institucional das Igrejas, no horizonte da sociedade redescobrimos o valor e as possibilidades de uma presença discreta no meio do mundo. Em tantas situações, nesta diáspora cultural onde estamos semeados, a única palavra verossímil é a do testemunho de uma vida vivida com simplicidade e alegria no seguimento de Jesus.

E, em terceiro lugar, essa grande mudança epocal mostra-nos que precisamos recuperar aquilo que Karl Rahner chama o "santo poder do coração". Os cristãos são chamados a viver a amizade como um ministério. "Isto é o que vos ordeno: amai-vos uns aos outros como eu vos amei" (Jo 15,17). Num dos seus escritos, René Voillaume conta a história de umas religiosas das Irmãzinhas de Jesus que, desejando tornar-se amigas de um grupo de mulheres presidiárias, pediram para partilhar a sua sorte. Acabaram por obter da direção da penitenciária a permissão para viverem encarceradas, exatamente nas condições das outras: cumpriam o mesmo regulamento, viviam detrás de grades e eram vigiadas por guardas. As Irmãzinhas pretendiam apenas amar as prisioneiras a ponto de condividir do modo mais concreto a sua sorte. Não tinham nada para lhes dar, a não ser essa presença e amizade. Mas o que mudou completamente o ambiente daquela prisão foi exatamente isso: o fato de aquelas mulheres se sentirem tocadas pelas religiosas estarem ali por amizade a elas, considerando a sua amizade um bem precioso. Isso fê-las acreditar que eram dignas de ser amadas, experiência que muitas delas nunca haviam feito. Há, por isso, uma revelação do cristianismo que só a prática da amizade é capaz de proporcionar. E nisso o mundo, que pode até perder-se em equívocos sobre os cristãos, não se engana. Mesmo que tenhamos um único instante de contato, isso basta para deixar transparecer uma amizade que existe.

10

A amizade espiritual

O acento da nossa cultura está de tal modo colocado sobre o amor que nos sentimos muitas vezes sem recursos para pensar devidamente as formas e o lugar da amizade. Falamos dela por monossílabos, de modo evasivo e chão, como se não fôssemos afinal herdeiros de um patrimônio de experiência, de ensinamento e de palavra multisseculares. Como diz Marcel Proust, tornamo-nos "semelhantes a esse fidalgo que, partilhando desde a sua infância a vida dos ladrões de estrada, não se lembrava mais do seu nome". Aprendemos a olhar com grandes lentes os confins do universo, mas, não raro, perdemos a capacidade de olhar e compreender o que nos está mais próximo. Ora, se há motivo que o cristianismo aprofundou no tempo é o da amizade, e entendendo-a não apenas como componente da formação humana, mas como traço privilegiadíssimo do itinerário espiritual.

O que entender por "amizade espiritual"?

Evágrio Pôntico foi o primeiro a utilizar a expressão "amizade espiritual", isto no século IV. Dotado de uma ampla cultura filosófica, como era típico dos monges do seu tempo, Evágrio defendia que o ideal grego de amizade encontra o seu cumprimento na prática cristã. Mas o que entende por "amizade espiritual"? "A amizade espiritual é a ciência de Deus, na qual os santos recebem o título de amigos de Deus", escreve no seu comentário ao livro dos Provérbios (n. 69). Foi esse título que Moisés recebeu por ter falado com Deus face a face (cf. Ex 33,11). Foi a esse título que João Batista era chamado "o amigo do esposo" (Jo 3,29) e do mesmo modo os Apóstolos (cf. Jo 15,15). Esse será o título de todos os que seguirem a ciência de Cristo.

A originalidade de Evágrio é partir não da amizade humana como figura da amizade divina, mas o contrário: a amizade que podemos viver com Deus, em Jesus Cristo, torna-se modelo para construirmos as nossas amizades humanas segundo Deus. "A amizade – esclarece o autor – é a virtude e a ciência de Deus, graças às quais tornamo-nos amigos de Deus e das santas potências, porque nesta amizade os amigos de um são também amigos dos amigos dele" (n. 120).

A sede de amizade é uma sede de verdade

Santo Agostinho será, depois, uma influência decisiva na definição do que é uma "amizade espiritual", mesmo que não tenha escrito propriamente um tratado sobre esse tema. Nas *Confissões*, a sua autobiografia interior, ele relata sobretudo experiências e buscas. Mas testemunha, com a intensidade existencial que conhecemos dele, como a sede de amizade se transforma numa sede de verdade. Para isso – diz Agostinho –, é necessário abandonar-se a uma progressiva purificação. Recordando a sua experiência pessoal, confessa: "Eu não mantinha uma relação de alma para alma, dentro dos limites luminosos da amizade, ao contrário, exalavam-se vapores do lodo da concupiscência da carne e do borbulhão da puberdade, e obnubilavam-me e ofuscavam-me o coração, de sorte que não se distinguia a serenidade da afeição das trevas da luxúria" (II, 2.2). Agostinho começa então a conjugar viragens, na ordem da graça: da camaradagem à amizade humana; da amizade carnal à amizade espiritual; da comunidade dos amigos à fraternidade.

Amar e ser amado são faculdades tanto divinas como humanas, mas o único verdadeiro amor é o de Deus, porque tudo tem a sua origem nele. A causa pela qual devemos amar a Deus e amarmo-nos uns aos outros é o próprio Deus. Frequentemente são os nossos sentimentos que bloqueiam a vivência da amizade, porque amamos em função do que acidentalmente nos agrada. O que Agostinho de Hipona descobre está resumido nas suas próprias palavras: "A amizade não é verdadeira senão quando Tu a aglutinas entre aqueles que estão unidos a ti pela caridade difundida nos nossos corações pelo Espírito Santo, que nos foi dado" (IV, 4.7). Enquanto não chegamos a essa verdade, estamos ainda naquilo que o autor chama de "fábula": "conversar, e rir, e sermos amavelmente condescendentes uns com os outros, e lermos juntos livros bem escritos, chalacearmos juntos, e juntos falarmos de coisas sérias, discordarmos às vezes sem rancor... ensinarmos algumas coisas uns aos outros, aprendermos uns com os outros, com melancolia termos saudade dos ausentes" (IV, 8.13). Porém, a amizade tem de ser mais do que uma arte de salão e um suave exercício de boas maneiras. É unindo-nos a Deus que vencemos as amarras e os equívocos que, interiormente, nos incapacitam de levarmos mais longe a procura da verdade. Tornando-nos próximos do amigo interior, que é o próprio Deus, recebemos dele o amor para amar justamente os nossos amigos. A amizade com Deus torna-se, então, a medida (sem medida) da nossa amizade. "Bem-aventurado quem te ama, e ao seu amigo em ti, e ao seu inimigo por causa de ti" (IV, 9.4).

Mesmo se é essencial compreendermos que esse caminho nada tem de etéreo: é uma guerra, uma ferida, uma chaga aberta na nossa própria carne. Agostinho narra, por exemplo, a via dolorosa que representou o luto pela perda de um amigo: "Com esta dor fez-se trevas o meu coração e tudo o que via era morte. E a pátria era para mim um suplício, e a casa paterna uma incrível infelicidade, e tudo aquilo, que com ele partilhara, sem ele se tornara num horrível tormento... Bem disse alguém em relação a um amigo seu, que ele era metade da sua alma. Porque eu sentia que a minha alma e a alma dele eram uma só alma em dois corpos, e por isso a vida era para mim uma pena... Não encontrava repouso nos bosques amenos, nem nos jogos e no canto, nem nos lugares perfumados, nem nos aparatosos banquetes, nem, finalmente, nos livros e nos versos" (IV, 4.9; 6,11; 7.12). O itinerário da amizade em Santo Agostinho deve culminar numa profissão de fé: "Só não perde nenhum ente querido aquele para quem todos são queridos naquele que nunca se perde" (IV,9.14). Pois "a Verdade és Tu" (IV,9.14).

A amizade é uma teofania

O ambiente cisterciense do século XII fornecerá, em seguida, um contributo da maior importância para pensar-se uma teologia da amizade. Em 1143, com a idade de trinta e três anos, Aelredo de Rievaulx recebe de São Bernardo o encargo de escrever aquele que será o primeiro dos seus tratados sobre o amor: *Speculum caritatis*, uma apologia do radicalismo evangélico monástico, de onde emerge, mesmo que à maneira de um relâmpago, uma idealização da amizade como forma mais alta de amor. Deverão passar duas longas décadas antes que Aelredo concretize esse primeiro aceno, dedicando à amizade espiritual um tratamento exclusivo com o volume *De spirituali amicitia*. A amizade vem aí entendida como uma experiência afetiva fundante, indispensável para o progresso no conhecimento de Deus. Saber se Deus é ou não cognoscível, e sob que formas, constitui uma problemática central para os cistercienses. Bernardo de Clairvaux, por exemplo, opunha ao conhecimento de ordem racional uma outra forma de conhecimento não imediato, mais vizinho da experiência mística. É aqui que Aelredo adianta um contributo inovador, identificando o progresso no conhecimento de Deus com a relação de amizade. A amizade não é simplesmente um instrumento ou uma mediação entre o homem e Deus. A amizade é antes o próprio lugar do encontro entre o humano e o divino, o lugar onde os amigos podem participar de Deus, podem mergulhar no seu mistério. A amizade vem percepcionada, assim, como um "lugar teofânico". A amizade coloca-nos dentro de Deus. "Basta que um ser humano se torne amigo de outro para tornar-se imediatamente amigo de Deus" (II,14).

Uma teologia tatuada na experiência

Mas uma teologia da amizade não é apenas mais uma teologia. Aelredo enuncia-o com clareza, escolhendo a forma de diálogo para o ensaio que escreve. É como se com isso enunciasse a impossibilidade de uma teologia da amizade organizar-se de forma monovocal: ela é, antes, uma polifonia que se entrecruza, um coro de atores diversos que vão trazendo experiências, questões, vivências. A tensão existencial não só não é escamoteada, como serve de impulso para uma reflexão teológica não abstrata: esta brota do concreto e é chamada a manter sobre ele uma amigável atenção. Ora, o concreto, muitas vezes, é sinônimo de tatuado na experiência pessoal e de sofrido.

Conhece-se também a relação de amizade que o ensaio de Aelredo estabelece com três obras anteriores, provindas da literatura clássica e patrística. O *De Amicitia*, de Cícero, constitui um interlocutor privilegiado visível até pelas contínuas referências que Aelredo lhe faz, embora insista em fornecer delas uma interpretação cristã; e outras duas obras: *Confessiones* de Agostinho e *De officiis* de Santo Ambrósio. O pensamento da amizade articula-se, busca vizinhanças, recupera caminhos. Mas é devida justiça a Aelredo: se a terminologia por ele empregada não se afasta da tradição, o sentido que lhe atribui confere-lhe um inegável estatuto de originalidade. De fato, uma teologia da amizade é o contrário de uma teologia fechada.

O papel espiritual do amigo

Aelredo promove uma autêntica exaltação do papel espiritual do amigo, designado como *animi custos*, alma custódia, e *animi consors*, alma gêmea. A amizade é uma escola de crescimento espiritual. "Lá, onde existe tal amizade – escreve Aelredo –, existe certamente um mesmo querer e um mesmo não querer, tanto mais doce quanto mais sincero, tanto mais suave quanto mais santo" (I, 46). O grande bem da amizade espiritual é mesmo este: encontrar a confiança de um coração com quem confrontas as tuas faltas e a quem revelas os teus progressos. O amigo espiritual é uma imagem de Cristo; o repouso no seu abraço é o abandono no Espírito Santo, que é a vida que circula em Deus. Um amigo torna-se para nós um mestre do desapego e da liberdade interior: "Os corações que se amam testemunham-no por expressões do rosto, por palavras, olhares e mil pequenos nadas, que são como gravetos para alimentar o fogo onde as almas se fundem entre si e tornam-se apenas uma. Mas se o que nós acreditamos dever amar nos nossos amigos não nos conduzir a um amar por amar, a nossa consciência reprovar-nos-á" (III, 86). A amizade é um voluntário esquecimento de si: "Cada um deve colocar mais prazer em esquecer-se de si pelo outro, e em preferir a vontade do outro à sua" (III, 132). A amizade é a sabedoria autêntica que espelha sempre o mistério da cruz. A amizade precisa de solidão e de intimidade, e é um acordo silencioso entre as almas. A amizade autêntica é uma forma de devoção: "Rezando a Cristo por um amigo e procurando ser atendido por Cristo em benefício de um amigo, nós voltamo-nos para Cristo com muito mais amor e desejo. Sem darmos por isso, como que imprevistamente, o sentimento de afeição passa do amigo para Cristo" (III, 133). Finalmente, Aelredo exprime o valor ontológico da amizade: todos os seres viventes, não apenas os homens, inclinam-se naturalmente (quer dizer, por disposição divina) para a amizade, não só os bons mas também os sem virtude. E como escreve ele: "a amizade é, ao mesmo tempo, o dom mais precioso da natureza e da graça" (III,90).

Amar na Terra como se ama no Céu

Alguns séculos mais tarde, reencontramos muitos desses aspectos tratados por Aelredo de Rievaulx, na reflexão de outro grande cultor da amizade espiritual: São Francisco de Sales. Na sua *Introdução à vida devota*, ele começa por colocar a amizade num patamar particular: "Amai a todos com um grande amor caridoso, mas guardai a vossa amizade para aqueles que podem comunicar convosco coisas virtuosas" (cap. XIX). Essa restrição de campo define a especificidade da relação que os amigos são chamados a viver. Trata-se de uma "parcialidade". Mas de uma "parcialidade santa", de uma "separação necessária", que Francisco de Sales elogia assim: "Ó como é bom amar sobre a Terra como se ama no Céu e aprender a querer-se bem neste mundo como faremos eternamente no outro! Eu não falo aqui do amor simples da caridade, porque ele deve ser estendido a todos os homens. Falo, sim, da amizade espiritual pela qual duas ou três ou mais almas partilham a sua devoção, as suas afeições espirituais, e se tornam entre elas um só espírito" (cap. XIX).

Há, contudo, uma diferença de destinatário entre Francisco de Sales e Aelredo. Enquanto o último pensava a amizade sobretudo a partir da realidade monástica, o antigo bispo de Genebra dirige-se agora aos leigos que vivem no mundo. Ele acredita que uma amizade espiritual bem sedimentada pode constituir uma âncora preciosa para quem quiser crescer interiormente mesmo no meio do mundo e das dificuldades que lhe são próprias. Escreve nesse sentido: "Quanto àqueles que estão entre os mundanos, e que abraçam a verdadeira virtude, é-lhes necessário aliarem-se uns aos outros, por uma santa e sagrada amizade, pois, por meio dela, amam-se, ajudam-se e empreendem o bem" (cap. XIX). Uma amizade espiritual não é uma relação que visa unicamente falar de Cristo e das coisas da fé. A amizade espiritual desenvolve-se numa conformidade de coração a Cristo, mas abraçando com realismo a vida, as suas exigências, a sua diversidade de tempos e de ação. A amizade espiritual torna-nos muito presentes ao instante e à situação atuais e, do mesmo modo, não nos tranca num pequeno círculo. Importa recordar o que dizia um teólogo contemporâneo, Karl Barth: "O Tu que eu encontro no amigo como *alter ego* é de alguma maneira a porta para a humanidade em geral".

Espiritual, mas sem ingenuidade

A amizade espiritual é uma experiência de autenticidade necessária e continuamente buscada. O que quer dizer que a amizade precisa de prova, de verificação e de critérios evangélicos claros. Infelizmente, sabemos, como há tantas histórias de amizade espiritual que não passam de uma caricatura. Lembro-me de ouvir alguém gracejar com certas situações que começam por ser uma tão arrebatada e exclusiva comunhão de almas que terminam numa confusa e banalizada sobreposição de corpos. E não faltam também exemplos de transformação dessas supostas amizades espirituais em inaceitáveis instrumentalizações do outro, mantendo opressivas relações de poder. Ora, mestres da amizade espiritual como Aelredo ou Francisco de Sales não podem de modo algum ser acusados de ingenuidade: um era abade do seu mosteiro, o outro, bispo e diretor espiritual experiente. Ambos sabiam identificar as distorsões que pode conhecer a vida afetiva e as suas manifestações. O fundamento da amizade é o amor de Deus. Como escreve Aelredo, "é preciso vigiar zelosamente para que os elementos da construção convenham a este fundamento" (III,5).

Certamente é aconselhável uma grande prudência. Porém, os riscos da amizade não podem constituir um argumento para colocá-la genericamente sob suspeição e para combatê-la como se fosse um mal. Desenvolvida a partir de Cristo, a amizade espiritual poderá encontrar a sua solidez e timbre. As feridas ou os conflitos não a anulam, mas aprende de Cristo a arte maravilhosa da espera e do perdão. A distância ou o silêncio não se tornam um obstáculo, já que a comunhão em Cristo é viva a cada instante. Praticando essa amizade, cada um sentirá o apelo para abrir-se à comunhão fraterna, numa universalidade cada vez maior e que nos conduz, inclusive, à compaixão para com o inimigo.

Amigos, amigos, negócios à parte?

Não há tratado sobre a amizade que não aconselhe o completo desprendimento em relação à ambição material. É importante não misturar as águas. Nessa direção vai o comentário irônico de Jesus à parábola do administrador infiel: "Arranjai amigos com o vil dinheiro para que, quando este faltar, eles vos recebam nos tabernáculos eternos" (Lc 16,9). O interesse por qualquer forma de ganho obscurece na amizade o verdadeiro bem. Ela tem de ser uma experiência radical de gratuidade. Amamos o amigo não pelo que ele possui ou pelo que nos pode dar, mas apenas pelo que é. Lanza del Vasto conta que numa das primeiras peregrinações à Índia sentia que todas as pessoas se abeiravam dele por interesse: cobiçavam-lhe a carteira ou o relógio ou a camisa... Ele sentia-se prisioneiro daquela relação predatória. Para fugir à pressão, subiu a uma região solitária onde encontrou um lago. Feliz por aquela súbita liberdade, despiu-se e mergulhou nas águas apaziguadoras. Quando saiu percebeu que lhe tinham roubado tudo, inclusive a roupa. Mas ele conta que, quando o viram assim despojado, finalmente o acolheram como um deles, como um amigo.

É tão difícil quanto vital conseguirmos esse desprendimento, mesmo na relação com Deus. Há aquela história do homem que entra no mercado e deixa a bicicleta à porta. Passado um tempo recorda-se, em completa angústia, de que não prendeu a bicicleta. Achou-se, nesses momentos, completamente perdido. Que faria ele sem a bicicleta! Levantou os olhos ao céu e prometeu: "Senhor, se encontrar a minha bicicleta corro imediatamente para o templo para te agradecer". E, de fato, saindo, o homem encontrou a bicicleta. Sem perder tempo, encaminhou-se para o templo e rezou e chorou de gratidão. Mas, quando saiu do templo, tinham-lhe roubado a bicicleta. A amizade é uma arte de desprendimento.

A farinha é uma coisa e a amizade é outra

Sobre a amizade também se contam histórias tristes. Uma delas é "O amigo dedicado", de Oscar Wilde. É o relato da amizade entre um honrado rapaz chamado Hans e o rico moleiro. Hans morava numa pobre casinha de campo, sozinho, e todos os dias trabalhava no seu jardim. Em toda a região não havia jardim tão bonito como o dele.

Uma flor substituía a outra, de modo que havia sempre ali coisas bonitas para ver e odores agradáveis para aspirar. O mais dedicado de todos os seus amigos era o corpulento Hugo, o Moleiro. "Na verdade, tão dedicado era o rico Moleiro ao pequeno Hans que nunca andava pelo jardim dele sem inclinar-se sobre os canteiros e colher um grande ramalhete ou um punhado de ervas-doces, ou encher os bolsos com ameixas e cerejas, quando era tempo de frutas. 'Os amigos verdadeiros repartem tudo entre si' – costumava dizer o Moleiro, e o pequeno Hans balançava a cabeça e sorria, sentindo-se muito orgulhoso por ter um amigo com tão nobres ideais. Algumas vezes, na realidade, os vizinhos achavam estranho que o rico Moleiro nunca desse nada em retribuição ao pequeno Hans, embora possuísse centenas de sacos de farinha armazenados no seu moinho, seis vacas leiteiras e um grande rebanho de carneiros com muita lã. Mas Hans nunca se preocupava com essas coisas e nada lhe dava maior prazer do que escutar todas as coisas maravilhosas que o Moleiro costumava dizer a respeito da solidariedade dos verdadeiros amigos...

Quando chegava o inverno e não tinha nem frutos nem flores que levar ao mercado, padecia de muito frio e muita fome e, muitas vezes, tinha de ir para a cama sem qualquer refeição, a não ser umas peras secas ou algumas nozes duras... Também no inverno, ficava extremamente solitário, uma vez que o Moleiro nunca ia vê-lo.

– Não está bem que eu vá ver o pequeno Hans, enquanto duram as neves – costumava o Moleiro dizer à sua mulher –, pois quando as pessoas se acham em apuros, devem ser deixadas sozinhas e não serem incomodadas com visitas. Esta é, pelo menos, a minha opinião a respeito da amizade e estou certo de que é uma opinião bem acertada.

Por isso esperarei que a primavera chegue e então irei visitá-lo, podendo ele dar-me um grande cesto de flores, coisa que bastante o alegrará.

– És realmente bastante solícito para com os outros – respondia-lhe a mulher, sentada na sua cômoda cadeira de braços, junto a um bom fogo de pinheiro...

–Mas não poderíamos convidar o pequeno Hans a vir aqui? – perguntava o filho mais novo do Moleiro. – Se o pobre Hans se acha em apuros, dar-lhe-ei a metade da minha sopa e mostrar-lhe-ei os meus coelhos brancos.

– Que menino pateta és tu! – gritou o Moleiro. – Na verdade não sei para que serve mandar-te à escola. Parece que não aprendes nada. Ora, se o pequeno Hans viesse aqui e visse o nosso ardente fogo, a nossa boa ceia e a nossa grande barrica de vinho tinto, poderia sentir inveja, e a inveja é uma coisa terrível que põe a perder os melhores caracteres. Não permitirei, certamente, que o caráter de Hans venha a ser prejudicado. Sou o seu melhor amigo e velarei sempre por ele e terei todo o cuidado em não expô-lo a nenhuma tentação. Além disso, se Hans viesse aqui poderia pedir-me que lhe desse, fiado, um pouco de farinha e isto eu não poderia fazer. A farinha é uma coisa e a amizade é outra e não devem ser confundidas."

Uma história assim só poderia ter um final muito triste, que não vou contar, desafiando o leitor a buscá-lo. Mas não esqueçamos: a imagem mais poderosa da vida é uma roda fraterna, com nossas mãos dadas, e é nela que todos estamos. A inclusão representa não apenas um valor, mas a condição necessária. As mãos parecem quase florescer quando se abrem. Os braços como que se alongam, quando partem para um abraço. O pão multiplica-se, quando aceita ser repartido. A verdadeira gramática da vida é o compartilhar.

Só podemos contar com a ganância do padeiro?

Um dos clássicos da economia moderna, Adam Smith, resumia desta maneira pragmática o funcionamento do sistema econômico: devemos o nosso pão fresco diário não ao altruísmo do padeiro, mas à sua ganância. É graças à ambição do ganho que os bens de que precisamos chegam às prateleiras dos supermercados. Esse dado é, de resto, comumente aceito. O fato que hoje se coloca, sempre com maior urgência, é, porém, de outra natureza. Claro que não perde validade a justa expectativa de que a atividade laboral produza o seu lucro, mas o que se coloca às nossas sociedades é a questão da sua capacidade para resolver, ainda que de modo não completamente perfeito, os desequilíbrios que elas próprias geram e que ameaçam a sua preservação. Ora, esse processo de reajuste e maturação do sistema não parece que possa ficar unicamente dependente daquilo que Adam Smith chamou "a ganância do padeiro". A difícil situação atual mostra-nos, sem margem para hesitações, como se tornou urgente e vital introduzir alternativas de fundo num campo que é econômico e financeiro, mas também é humano e civilizacional.

O que é que o teu dinheiro fez de ti?

O nosso Ocidente estabeleceu uma barreira tão impermeável entre o espiritual e o material que tornou quase obtuso, à partida, qualquer diálogo entre a espiritualidade e a produção e circulação de riqueza. Para não falar já do funcionamento da economia ou das formas diversas do capitalismo. São campos completamente separados. Ou, quando muito, o dinheiro passou a ocupar agora o lugar do sagrado. Por isso, é tão pertinente o repto profético lançado pelo filósofo Jacques Ellul: "é necessário profanar o dinheiro", isto é, restituí-lo à sua função de instrumento material de troca, desinvestindo-o da sacralidade simbólica com que é tratado.

A leitura da Bíblia também aqui pode ser instrutiva. O Antigo Testamento, por exemplo, faz uma apreciação fundamentalmente positiva acerca dos bens e da prosperidade. Mas a diferença entre ricos e pobres é sempre vista como um escândalo intolerável. Toda a legislação social que enche o livro do Deuteronômio não visa promover o remendo da esmola, mas pretende sim (e ousadamente) assegurar os direitos dos pobres. Institucionaliza-se na chamada "Lei da Aliança" um verdadeiro pacto social, que passa por medidas espantosamente concretas como o perdão das dívidas ou uma redistribuição periódica dos bens como meio de travar os cíclicos fenômenos de empobrecimento dos grupos sociais mais frágeis.

Por vezes ouve-se repetir apressadamente a sentença "Dai a César o que é de César e a Deus o que é de Deus" (Mt 22,21) como prova de que Jesus virou as costas ao dinheiro. O Evangelho não afirma isso. O episódio na casa de Zaqueu, o rico cobrador de impostos, mostra antes como o que acontece é uma mudança de papéis. O dinheiro deixa de ser amontoado e usado em função dele próprio para passar a ser reparador de injustiças e antídoto contra a pobreza. Como explica o teólogo Daniel Marguerat, a interpelação de Jesus leva-nos mais longe, pois ele não pergunta apenas "Que fazes tu do teu dinheiro?", mas coloca-nos perante esta incontornável questão: "O que é que o teu dinheiro fez de ti?".

Na sua Encíclica *Caritas in veritate*, Bento XVI desafia-nos a aplicar também à economia a lógica da gratuidade e do dom: "A gratuidade está presente na sua vida sob múltiplas formas, que frequentemente lhe passam despercebidas por causa de uma visão meramente produtiva e utilarista da existência. O ser humano está feito para o dom, que exprime e realiza a sua dimensão de transcendência... O desenvolvimento econômico, social e político precisa, se quiser ser autenticamente humano, dar espaço ao *princípio da gratuidade* como expressão de fraternidade" (n. 34).

12

O elogio do gratuito

Li uma vez e não me sai da cabeça um texto da escritora Clarice Lispector sobre esse improviso que salva a vida: ela chama-lhe acertadamente o "ato gratuito". Talvez se deva começar por explicar aquilo que o "ato gratuito" não é. Ele não é mais uma estação da ofegante luta pela vida que cotidianamente nos mantém mobilizados. Ele não é a necessária corrida ao trabalho, aos bens, ao consumo, aos horários implacáveis, aos transportes que não dormem. Nem se pode identificar sequer com os pequenos prazeres que nos damos, os lazeres, as viagens programadas, as recompensas disto e daquilo. O "ato gratuito" não tem preço: por definição, não se compra nem se paga.

É sempre uma sede de liberdade que nos acorda para o gratuito. E não uma liberdade disto e daquilo. Eu diria: é, antes, uma pura liberdade de ser, de sentir-se vivo; uma expansão da alma, não condicionada pela avareza das convenções; uma urgência não de dons, mas de dom. Hoje, por exemplo, uma amiga procurou-me para que eu lhe indicasse um voluntariado. Ela nem tem muito tempo, dedicada a um emprego absorvente e complexo, com os filhos numa idade em que dependem muito dela. "Talvez só possa dar duas horas de quinze em quinze dias" – disse-me. E eu retorqui-lhe, sorrindo: "Duas horas podem ser uma imensidão". Na verdade, não é o tempo o mais importante. O essencial é deixar que se formule no interior de nós e que se expresse livremente o "ato gratuito".

O serviço aos outros é um excelente exemplo do gratuito. Mas em relação a nós próprios ele tem igualmente de existir. No texto que li de Clarice Lispector ela conta: "Eram 2 horas da tarde de verão. Interrompi meu trabalho, mudei rapidamente de roupa, desci, tomei um táxi que passava e disse ao chofer: vamos ao Jardim Botânico. 'Que rua?', perguntou ele. 'O senhor não está entendendo', expliquei-lhe, 'não quero ir ao bairro e sim ao Jardim do bairro'. Não sei por que olhou-me um instante com atenção.

Deixei abertas as vidraças do carro, que corria muito, e eu já começara minha liberdade deixando que um vento fortíssimo me desalinhasse os cabelos e me batesse no rosto grato de felicidade. Eu ia ao Jardim Botânico para quê? Só para olhar. Só para ver. Só para sentir. Só para viver".

Acreditam na vida antes da morte?

Uma vez vi grafitada, num muro, uma pergunta: "Acreditam na vida antes da morte?". Foi um baque para mim. Claro que alarga infinitamente o horizonte acreditar que há vida depois da morte. Porém, se eu, por algum motivo, desistir de confiar que existe vida (isto é, possibilidade de vida verdadeira) antes da minha morte, tudo fica estranho, escuro e perdido.

O "ato gratuito" é um gesto que nos salva. Sabemos isso tão bem na vivência da amizade! O gratuito subtrai-nos à ditadura das finalidades que acabam por desviar-nos de um viver autêntico. A gratuidade é um viver mergulhado no ser. Ela nos dá acesso à polifonia da vida, na sua variedade, nos seus contrastes, na sua realidade densa, na sua inteireza.

Jesus é o Mestre do gratuito! Quando lemos os Evangelhos a partir dessa chave, encontramos o seu desenho contínuo nas palavras de Jesus. Ele reconduzia cada um a fazer do obstáculo uma oportunidade para o encontro: e, no fundo, para uma abertura fundamental a uma vida segundo o próprio ser. Muitas vezes, a nossa oração surge ainda como espaço útil, e não como o lugar da amizade gratuita e essencial, onde alma e corpo respiram.

Espaço para a autenticidade

Gosto, mas gosto muito, que a primeira palavra de Jesus no Evangelho de João seja uma pergunta (e seja aquela pergunta): "Que procurais?" (Jo 1,38). Consola-me ir percebendo que o que sustenta a arquitetura dos encontros e dos desencontros que os Evangelhos relatam é uma espécie de coreografia de perguntas, um intenso tráfico interrogativo, construído a maior parte do tempo a tatear, sem saber bem, com muitas dúvidas, muitos disparos ao lado, muita incapacidade até de comunicar. Isso é uma âncora, por muito que nos custe, pois uma vida só assentada em respostas é uma vida diminuída, à maneira de uma primavera que não chegou a ser. Não sei como vai rebentar em nós a primavera, como se vai acender esse reflorir que a natureza insinua, esse renascer que o gesto pascal de Jesus espantosamente (res)suscita na nossa humanidade. Sei apenas que nas perguntas, mesmo naquelas que são difíceis e nos estremecem, reencontramos a vida exposta e aberta, certamente mais frágil, mas a única que nos permite tocar as margens de uma existência autêntica.

Todos somos habitados por perguntas e elas cartografam zonas silenciosas, territórios de fronteira do nosso ser. Estes dias reencontrei a pergunta de Pilatos (ainda no Evangelho de João): "O que é a verdade?" (Jo 18,38). E dei comigo a aproximar esta pergunta de uma das frases emblemáticas de Jesus: "Eu sou o Caminho, a Verdade e a Vida" (Jo 14,6). Sem querer relativizar a natureza densamente dogmática do enunciado, dei comigo, porém, a revisitá-lo em chave existencial. E era como se Jesus, mestre da vida que incessantemente se reformula em nós, nos desafiasse a uma apropriação. Sim, a uma apropriação. É necessário que perante a multidão dos caminhos percorridos e a percorrer cada um de nós diga: "eu sou o caminho que percorro". É decisivo que as verdades que acordamos não sejam uma sobreposição, mas uma expressão profunda do que somos: "eu sou a verdade". É urgente que a vida não seja só a acumulação do tempo e do seu cavalgar sonâmbulo, mas que cada um, pelo menos uma vez, possa dizer plenamente: "eu sou a vida". Não é esse o impacto profundo da amizade que Jesus tem conosco?

13

Amar a imperfeição

Ouvi muitas vezes o poeta Tonino Guerra citar o verso de um monge medieval: "É preciso ir além da banal perfeição". E, na amizade, confrontamo-nos com isso mesmo: a perfeição pode ser um caminho que trilhamos pela superfície ou constituir uma ilusão que nos impede de aceder ao real e ao verdadeiro. Levamos tanto tempo até perder a mania das coisas perfeitas, das pessoas perfeitas, e nos curar do impulso que nos exila no aparente conforto das idealizações, ou finalmente vencermos o vício de sobrepor à realidade um cortejo de confortáveis (mas falsas) imagens! "É preciso ir além da banal perfeição."

A perfeição coloca-nos perante a realidade como se de um fato consumado se tratasse: se formos mexer, intervir, retocar ou alterar, sentimos isso como uma perturbação. Essa perfeição é estática. Existe só para ser admirada... à distância. A amizade construída sobre esse chão é devorada por uma tensão narcísica: escolhemos "amigos" pela sua importância, estatuto, aparência. Fazemos da amizade uma busca do aplauso. Penso naquela passagem de *Pequeno Príncipe*, de Saint-Exupéry, em que se visita o planeta de um vaidoso:

– É verdade que me admiras muito? – perguntou o vaidoso ao principezinho.
– O que quer dizer admirar?
– Admirar significa reconhecer que eu sou o homem mais belo, mais bem vestido, mais rico e mais inteligente do planeta.
– Mas tu és a única pessoa do teu planeta!
– Não faz mal! Dá-me esse prazer: admira-me!
– Estou te admirando – disse o principezinho, encolhendo levemente os ombros. – Mas para que é que isso interessa?

Abraçar a imperfeição é aceitar a amizade como uma história ainda em aberto, que conta ativamente conosco. Na imperfeição é sempre possível começar e recomeçar. A imperfeição permite-nos compreender a singularidade, a diversidade, o real impacto da passagem do tempo em cada um. É verdade que as nossas fragilidades nos levam também a ver as nossas singularidades. E é o impacto da fragilidade em nós que mostra a nossa realidade mais profunda, mostra a vida de Deus e os seus vestígios. Nesse sentido, a imperfeição humaniza-nos. Acolhê-la é uma condição necessária na amizade, e na maturação pessoal que nos cabe fazer. O mais urgente é aprender a semear, num trabalho de confiança, de desprendimento e simplicidade cada vez maiores. Gosto muito deste poema de Adília Lopes:

Se tu amas por causa da beleza, então não me ames!
Ama o Sol que tem cabelos dourados!
Se tu amas por causa da juventude, então não me ames!
Ama a primavera que fica nova todos os anos!
Se tu amas por causa dos tesouros, então não me ames!
Ama a Mulher do Mar: ela tem muitas pérolas claras!
Se tu amas por causa da inteligência, então não me ames!
Ama Isaac Newton: ele escreveu os
Princípios Matemáticos da Filosofia Natural!
Mas se tu amas por causa do amor, então sim, ama-me!
Ama-me sempre: amo-te para sempre!

Encontraram-se o amor e a verdade

No primeiro grande encontro com Jesus, Pedro lhe diz: "Afasta-te de mim, Senhor, porque sou um homem pecador" (Lc 5,8). Todos somos feridos, opacos, inacabados. Cada um de nós traz dentro de si uma quantidade irrazoável de sonhos sufocados, de pontas desacertadas, de palavras que não chegaram a ser ditas, de uma violência interior, mais difusa ou concentrada. Mesmo a nossa felicidade vem misturada com a memória de infelicidades que ainda nos ardem, mesmo que as calemos. Somos mais verdadeiros, porém, quando tomamos consciência disso e quando o partilhamos na confiança de uma amizade. Os mecanismos de autodefesa e de culpabilização só nos isolam mais. E a santidade, há de Jesus explicar a Pedro, não é a impecabilidade, mas este movimento profundo em nós de nos voltarmos para um outro, para o Todo-Outro, e deixarmo-nos atravessar por uma experiência de reconhecimento e misericórdia, como na penumbra da catedral o vitral se deixa atravessar pela luz. O nosso pedido deve, por isso, ser: "Aproxima-te de mim, porque sou um homem pecador", atrevendo-nos a essa forma necessária e rara de audácia que é a humildade. Maravilhosa imagem é a do Salmo 84[85]: "Encontraram-se o amor e a verdade, beijaram-se a paz e a justiça" (v. 11).

A nossa humanidade é narração de Deus

Uma das experiências humanas e espirituais mais libertadoras é quando conseguimos a força de agradecer a Deus: "Eu vos dou graças por me haverdes feito tão maravilhosamente" (Sl 138[139],14). De fato, a nossa humanidade é narração de Deus: o nosso rosto conta como é o seu; as nossas mãos mostram-nos as suas; ele fala pelas nossas palavras e respira melhor à medida que os nossos gestos se tornam amplos; os nossos olhos testemunham como os dele cintilam; os nossos silêncios e o nosso riso são mapas muito aproximados para quem quiser chegar a ele. A nossa fragilidade dá a ver a força da sua compaixão. As ausências em que nos perdemos permitem que se revele ainda mais a sua amizade. Como qualquer mãe ou pai, ele não deseja que o filho seja mais alto ou baixo, mais louro ou tisnado. Ele só quer que os seus filhos sejam o que são e de maneira plena. Nada há em nós que lhe seja desconhecido ou indiferente: interrupções e recomeços, frustrações e desafios, turbulências ou tempos de paz. Ele chega a toda hora, sem nunca verdadeiramente partir. Ele entra quando lhe abrimos a porta, mas está sempre presente. Ele está aqui e além. Está abraçado a nós e está à nossa espera para o abraço sem fim.

14

O pequeno Evangelho da Alegria

Retomemos a alegria. A meio deste percurso que é a nossa vida, perguntemo-nos pela nossa alegria, busquemos as suas secretas fontes. No começo do Evangelho de São Lucas há um refrão que é anunciado, com toda a clareza, pelos anjos do céu. Esse refrão constitui uma espécie de pequeno Evangelho, transparente e absoluto, como aquilo que desce do céu; e é também, de certa forma, o resumo do grande Evangelho. Ele é pronunciado pelos anjos que dizem aos pastores: "Anuncio-vos uma grande alegria que o será para todo o povo" (Lc 2,10). Na sua essência todo o anúncio cristão é isso: experiência de uma alegria que quer chegar a todos: "Anuncio-vos uma grande alegria que o será para todo o povo". A alegria centra-nos, por isso, no essencial do mistério cristão. É como se o nosso percurso de fé ficasse incompleto, se não mergulhássemos até o fundo, vibrantemente, neste Evangelho da Alegria.

A alegria que nos estremece

Mas o que é a alegria? A alegria não se reduz a uma forma de bem-estar ou a um conforto emocional, embora se possa traduzir também dessa maneira. A alegria é, fundamentalmente, uma expressão profunda do ser: em bondade, em verdade, em beleza; uma expressão do ser em plenitude. É interessante o modo como São Lucas descreve a alegria em Jesus. Ela vem referida como "estremecimento". Parece uma forma magnífica e exata de explicá-la, pois ela é isso: puro estremecimento, expressão da totalidade do sujeito, proferição da alma. Jesus estremeceu de alegria, sob a ação do Espírito Santo, e disse: "Bendigo-te, ó Pai, Senhor do Céu e da Terra porque escondeste estas coisas aos sábios e aos inteligentes e as revelaste aos pequeninos" (Lc 10,21).

Estremecemos, atravessados pela leveza da alegria em nós. E Jesus estremece também dessa maneira, dando graças ao Pai. Como a haste de uma flor estremece ao sopro da brisa, como ela treme embalada pela luz, assim somos chamados a esse estremecimento da vida, silencioso e surpreendente.

Que fizemos nós do Evangelho da Alegria?

A alegria é expansão pessoalíssima e profunda. Não há duas alegrias iguais, como não há duas lágrimas ou dois prantos. A alegria é uma gramática singular. Por um lado, tem uma expressão física, mas, por outro, conserva uma natureza evidentemente espiritual. A alegria, se quisermos, é uma provocação do espírito que nos abeira do milagre. Desse milagre que na boca de Jesus se traduz desta forma: "Bendigo-te, ó Pai". O milagre é reconhecer que o Pai está na origem do enigma que somos e que isso se traduz pelo louvor, pelo canto, pela bem-aventurança, pelo riso, pelo entusiasmo partilhado. A alegria é uma revelação da vida profunda. É abrir uma porta, um caminho, um corredor para a passagem do espírito. Nesse sentido, a alegria, que é a íntima condição dos amigos, é também um estilo a assumir. Somos chamados a viver na alegria.

Contudo, no espaço teológico e eclesial, a alegria tornou-se um motivo tratado com alguma parcimônia. Falamos pouco do Evangelho da Alegria e, entre tudo aquilo que assumimos como dever, como tarefa, raramente ele está. O dever da alegria, estarmos cotidianamente hipotecados à alegria, enviados em nome da alegria, não nos é tantas vezes recordado quanto devia. As nossas liturgias, pregações, catequeses e pastorais abordam a alegria quase com pudor. E das passagens bíblicas que imediatamente lembramos, porventura não são as que referem a alegria as que mais ocorrem ao nosso espírito. Isso para dizer que, nas tradições e práticas espirituais, a alegria tornou-se um tópico mais ou menos marginal, uma espécie de subtema e, por vezes, até uma espécie de interdito. Nietzsche dizia que o cristianismo seria mais crível se os cristãos parecessem alegres. E, de fato, a imagem pública do cristianismo aparece mais enfocada na exigência, na severidade, às vezes até na intransigência dos aspectos morais do que na simplicidade do Evangelho da Alegria. Que fizemos nós do Evangelho da Alegria?

A dificuldade de encontrar a alegria

Recuemos no tempo ao ano de 1975. Foi um Ano Santo, e a Exortação Apostólica desse Ano Santo assinada pelo papa Paulo VI começava com estas palavras: *Gaudete in Domino* (Alegrai-vos no Senhor). São palavras que vêm na Carta de São Paulo aos Filipenses 4.4: "Alegrai-vos sempre no Senhor, de novo vos digo, alegrai-vos". É interessante o quadro que o Papa Paulo VI faz no início dessa Exortação Apostólica. Diz Paulo VI: "A dificuldade de encontrar a alegria parece-nos hoje particularmente aguda. A sociedade tecnológica tem podido multiplicar as ocasiões de prazer, mas ela dificilmente tende à alegria porque a alegria vem de outra parte. É espiritual. O dinheiro, a comodidade, a higiene, a segurança material não faltam muitas vezes, e, contudo, o vazio, a inquietude, a solidão, a tristeza permanecem a porção de muitos. Isto gera a angústia e o desespero que a febre de consumo, o frenesi por uma felicidade instantânea e os paraísos artificiais não conseguem fazer desaparecer. No fundo, a nossa cultura vive em desencontro com a alegria. Percorremos caminhos que, por um lado, gritam a nossa ânsia de alegria, mas também a nossa incapacidade de mergulhar até ao fundo na alegria, na alegria autêntica". Mas, perante esse cenário de desencontro, o Papa Paulo VI não desiste e conclui: "Todas estas situações não podem impedir-nos de falar da alegria e de viver na expectativa da alegria". Na verdade, o diagnóstico que fazemos do mundo que nos rodeia não pode silenciar o Evangelho da Alegria.

A alegria é uma aprendizagem

Nós definimo-nos como *homo faber*, o homem artesão, o fabricante, aquele que se realiza na própria ação. E distanciamos da nossa vida o horizonte do *homo festivus*, isto é, o que é capaz de celebrar, aquele que conduz a criação à sua plenitude. No fundo, aquilo que vemos no livro do Gênesis, no poema de abertura. Deus começa a obra da criação e desenvolve-a por seis dias, e no sétimo dia Deus descansa. Ora o descanso não é um apêndice ou um remate circunstancial da criação. O descanso, este *Shabbat*, é o momento da alegria e da contemplação; é o momento do enamoramento e do gozo; é o momento do júbilo! De fato, a própria ação fica incompleta se é puro ativismo, repetido fazer. Bem-aventurados aqueles que vivem uma história e a podem contar. Bem-aventurados os que colocam as flores na jarra e depois param extasiados. O pior que nos pode acontecer é ter uma vida em que vamos fazendo coisas, que até são boas e necessárias, mas em que se perdeu a capacidade do espanto, da contemplação, da delícia. Estes são os caminhos que permitem ao olhar tocar o sentido, tatear a plenitude. A alegria não vem, quando interrompemos a vida: a alegria nasce quando pegamos num dos seus fios, seja ele qual for, e somos capazes de levá-lo fielmente até a sua plenitude. E a sua plenitude é sempre esse momento culminante.

Deus cria "e viu que era bom" ou, segundo diz a tradução grega da Setenta: "E viu que era belo". Deus não cria apenas, Deus cria e percebe que a criação fica incompleta sem a alegria, sem o gozo, sem sentirmos que aquilo em que colaboramos, aquilo com que conspiramos, aquilo de que fomos criadores e testemunhas pede de nós esse momento extasiado, esse momento de pura gratuidade em que olhamos o fragmento no todo; olhamos a partícula na totalidade; inscrevemos o tempo na eternidade. E não separamos, nem dividimos. Percebemos que uma palavra é tão importante como um livro. Uma hora no jardim pode ser tão importante como uma hora de adoração. Por quê? Porque temos a capacidade de conduzir e deixarmo-nos conduzir a esse momento culminante.

Kierkegaard dizia: "A angústia é a nossa doença mortal". A angústia é o veneno que nos corrói. A angústia é aquele medo que nos paralisa, aquela insegurança que nos deprime, que não nos deixa ser, que não permite que a nossa alma se expanda na sua paz, na sua originalidade. A angústia é a doença mortal. A alegria é a saúde da alma. Por isso, o provérbio diz: "Um Santo triste é um triste Santo". A alegria é um termômetro vital. E se andamos continuamente agastados, pesarosos, cheios de lamentações, falando mais daquilo que nos pesa do que daquilo que nos extasia, então há uma revitalização interior que é preciso conseguir. Pois a alegria também se aprende.

A dor escava em nós o que depois a alegria vai encher

Ao falar da alegria todos sabemos que ela é uma espécie de sinfonia incompleta. Há aquele poema de Khalil Gibran, no *Profeta*, em que se olham juntas a alegria e a tristeza: "Quando estiverdes alegres olhai para o fundo do vosso coração e vereis que aquilo que vos dá alegria não é senão aquilo que vos deu tristeza. Quando estiverdes tristes olhai de novo para o vosso coração e vereis que realmente chorais por aquilo que antes vos tinha encantado. Alguns dizem, a alegria é maior do que a tristeza, outros afirmam, não, a tristeza é maior. Mas eu digo-vos: são inseparáveis, vêm juntas...". A alegria nós a sentimos assim, a sentimos como uma balança cuja descida ou subida não podemos evitar. Nesse sentido, a alegria é este frágil dom. Este dom que tem, muitas vezes, com o sofrimento e com a dor, uma conaturalidade. Como ensina o poema, não é sábio criar oposições porque o alaúde foi construído a navalha, e depois solta uma música incrível. Muitas vezes, é a dor que escava em nós profundidades que, depois, a alegria vai encher. Nesse sentido, a alegria é filha da esperança, é fruto da esperança.

O pessimismo é mais fácil

A tradição ocidental não deixa margens para dúvidas, na ligação que faz entre sabedoria e pessimismo. Bastaria um daqueles inesquecíveis retratos de Rembrandt para nos dizer tudo: sábio é aquele que se senta na penumbra, olhando com ponderada distância para as ilusões de transparência. O que não é propriamente algo que tenha mudado. Veja-se como mais facilmente o taciturno passa por sábio do que o homem alegre. E um espírito torturado e reticente arranca maior alcance e aplauso do que todos os que se esforçam por manter ativa a esperança.

Há, de fato, um erro de avaliação que leva a considerar a jovialidade do alegre como característica espontânea de caráter, que nada deve ao caminho e à maturação espiritual. Contudo, o que realmente experimentamos é o avesso disso, já que o pessimismo é, em muitas circunstâncias, a resposta mais fácil à pressão do tempo. Certamente que o pessimismo desempenha uma função purgatória, diante de nossas derivas, mas um mundo gerido por pessimistas talvez não nos levasse sequer a levantar âncora do porto. E a alegria não nos faz desconhecer as razões dos pessimistas, mas sim a integrar toda a realidade humana num projeto maior e paciente, em que os obstáculos podem constituir oportunidades.

A amizade é uma fonte de alegria

"Mas quem é que caminha a teu lado?" Quando me reencontro com esta pergunta, trazida por um verso de T. S. Eliot, penso quase sempre nos amigos. Um amigo, por definição, é alguém que caminha a nosso lado, mesmo se separado por milhares de quilômetros ou por dezenas de anos. O longe e a distância são completamente relativizados pela prática da amizade. De igual maneira, o silêncio e a palavra. Um amigo reúne estas condições que parecem paradoxais: ele é ao mesmo tempo a pessoa a quem podemos contar tudo e é aquela junto de quem podemos estar longamente em silêncio, sem sentir por isso qualquer constrangimento. Temos certamente amigos dos dois tipos. Com alguns, a nossa amizade cimenta-se na capacidade de fazer circular o relato da vida, a partilha das pequenas histórias, a nomeação verbal do lume que nos alumia. Com outros, a amizade é fundamentalmente uma grande disponibilidade para a escuta, como se aquilo que dizemos fosse sempre apenas a ponta visível de um maravilhoso mundo interior e escondido, que não serão as palavras a expressar.

Aquilo de que uma amizade vive também dá o que pensar. É impressionante constatar como ela acende em nós gratas marcas tão profundas com uma desconcertante simplicidade de meios: um encontro dos olhares (mas que sentimos como uma saudação trocada entre as nossas almas), uma qualidade de escuta, o compartilhar mais breve ou demorado de uma mesa ou de uma conversa, um compromisso comum num projeto, uma ingênua e profunda alegria... Um amigo é alguém capaz de olhar, mesmo que por um segundo que seja, o sorriso, desperto ou adormecido, que cada um de nós traz no fundo da alma. Um amigo é um pastor e um mestre do nosso sorriso. O poeta Patrice De La Tour du Pin escreve:

> Começai por conquistar a alegria,
> ireis dois a dois,
> para vos protegerdes do mal,
> pelas florestas, pelos rios,
> por todos os caminhos abertos na solidão da luz,
> haveis de procurar a alegria.

Como procuram os amigos a alegria? E que testemunham eles ao nosso coração?

Sabermo-nos prometidos à alegria

Um amigo é aquele que nos recorda, muitas vezes, de que estamos prometidos à alegria. Diz Jesus, no Evangelho de S. João: "Eu quero que a alegria esteja em vós e a vossa alegria seja completa" (Jo 15,11). E: "Ninguém vos poderá roubar a vossa alegria" (Jo 16,22). Há uma alegria que nada nem ninguém nos pode tirar, e que constitui o horizonte da nossa vida.

Quando olhamos para aquilo que somos e vivemos, quando pomos os olhos no fim do caminho que estamos percorrendo, é importante que sintamos que é para a alegria que somos chamados. É para a roda dos eleitos que estamos caminhando. E, por isso, deslocamos infatigavelmente o nosso coração do peso da sombra para a leveza da luz, para a leveza da alegria. Na verdade, somos atravessados, somos conduzidos, levados pela mão de uma promessa, e essa promessa é a alegria. Não sabemos o que é isso. Por enquanto, a nossa alegria é parcial, provisória; é ainda a alegria deste momento, deste instante... Porém, a alegria que nos está prometida é uma alegria completa.

A amizade é este olhar partilhado que diz à vida que ela está prometida à alegria. "Ah, mas eu me sinto tão pesado."; "Ah, mas eu me sinto atravessado pela dor." "Ah, mas eu me sinto condenado, eu já me condenei, sinto-me sem salvação, sem resgate." "Ah, mas estou num beco sem saída." Qualquer que seja a nossa situação atual, sintamo-nos prometidos à alegria. A alegria é a promessa. Como diz Bonhoeffer: "Deus não realiza todos os nossos desejos, mas é fiel a todas as suas promessas".

A alegria é uma forma de hospitalidade

Um elemento que caracteriza a alegria é o fato de ela não nos pertencer. É pessoalíssima, é completamente nossa, identifica-se conosco, mas não nos pertence. A alegria não nos pertence. A alegria atravessa-nos. A alegria é sempre um dom. A alegria nasce do acolhimento. A alegria nasce quando eu aceito construir a minha vida numa cultura de hospitalidade. Se insonorizo o meu espaço vital, se impermeabilizo a minha atenção, a alegria não me visita. A alegria é um dom da amizade acolhida.

A alegria não é programada. Não posso, por exemplo, dizer: daqui a um minuto eu vou rir. Não sei quando é que vou rir. A alegria é um dom que me visita na surpresa, no não anunciado. E nesse sentido tenho de viver em hospitalidade. O meu coração é uma soleira, uma porta entreaberta. A minha vida vive do acolhimento amigável. Temos de adquirir uma porosidade, deixarmo-nos tocar, deixarmo-nos ligar pelo fluxo reparador da vida. Há um filme de Ingmar Bergman em que uma personagem é uma moça anoréxica – e sabemos como a anorexia é uma forma de desistir da própria vida, de desinvestir afetivamente. A moça vai falar com um médico e ele lhe diz isto, que também vale para nós todos: "Olha, há só um remédio para ti, só vejo um caminho: em cada dia deixa-te tocar por alguém ou por alguma coisa". A alegria é essa hospitalidade.

Os dias sem alegria são completamente sem memória. Chegamos ao fim, não lembramos um único gesto, uma única fase, um único encontro, uma única ação, não temos nada para contar. Tive de ver e de escutar muitas coisas, e de estar entre muita gente, mas não quis nada daquilo nem daqueles; não permiti que existisse um trânsito, um retorno; não abri o meu coração... Há que transformar a nossa vida no sentido da hospitalidade. A amizade ensina-nos isso.

Só um coração simples é capaz de viver a alegria

Não há alegria sem inocência. Mas inocência no sentido que a escritora Cristina Campo apontava: "Nós não nascemos inocentes, mas podemos morrer inocentes". A inocência da infância espiritual é aquela inocência com a qual e pela qual podemos morrer: a inocência de um coração simples; da gratuidade; da confiança.

Se não tenho um coração de criança não sou herdeiro do Reino de Deus. Isto é, não sou herdeiro do reino da vida, não vejo cintilar, não vislumbro. E aqui, as crianças são exemplares porque elas entretêm-se com os pequenos nadas, que no fundo são as coisas mais sérias, as coisas de onde colhem a luz. E nós precisamos disso. Precisamos dessa infância. De descobrir infâncias dentro de nós. Não é por acaso que todos os amigos são amigos da infância, mesmo aqueles que fazemos pela vida fora. A principal infância a testemunhar é essa futura.

Em vez de crescermos na severidade, na intransigência, na indiferença, no sarcasmo, na maledicência, no lamento, caminhemos suavemente no sentido contrário. Cresçamos na simplicidade, na gratidão, no despojamento e na confiança. A alegria tem a ver com uma essencialidade que só na pobreza espiritual se pode acolher.

15

O humor de Deus

Se dissermos que Deus é Amor, ninguém se espanta. A afirmação tornou-se até um pouco banal à força da repetição. Mas se dissermos que Deus é Humor, ficamos em estado de alerta, porque nos parece que alguém está tentando entrar, no território de Deus, "pela entrada dos fundos" e não pela "porta principal". A verdade é que a amizade não dispensa o humor.

O nosso testemunho fica muitas vezes refém de uma *gravitas* insossa, de uma seriedade que facilmente se torna peso. E, no entanto, a Bíblia é uma espécie de gramática do Humor de Deus. Por incrível que pareça, essa biblioteca tão séria é também hilariante e está cheia de risos, embora esta dimensão seja, entre nós, escassamente referida e ensinada. Há páginas que constituem um puro alfabeto da alegria e muitos momentos que só são compreendidos por quem soltar uma gargalhada. É que a Revelação de Deus propaga-se numa dinâmica que é claramente jubilosa.

Talvez tenhamos de levar mais a sério o verso brincar que o Salmo 2 (v. 4) nos segreda: "O que habita nos céus sorri". Ou perceber que a expressão crente é chamada a desenvolver-se como uma coreografia festiva, à maneira do que descreve o Salmo 33: "Alegrai-vos no Senhor, louvai o Senhor com cítaras e poemas, com a harpa das dez cordas louvai o Senhor; cantai-lhe um cântico novo, tocai e dançai com arte por entre aclamações".

Nessa linha está a maravilhosa imagem do Livro dos Provérbios (Pr 8,30-31) que nos apresenta assim a Sabedoria, emanação de Deus, sua presença visível: "A Sabedoria Divina está constantemente brincando: brincando na terra e alegrando-se com os homens". É um enunciado desconcertante, e estamos longe ainda de acolhê-lo, tal o desafio que representa. Não é no conjunto de tarefas tradicionalmente ligadas à sabedoria (julgar, pensar, escrutinar, prever…) que encontramos a Sabedoria de Deus. É infinitamente mais simples o seu programa: brincar, alegrar-se amigavelmente com os homens.

Olhemos, então, para a Bíblia e divirtamo-nos com a sua leitura, sentindo como a alegria é um lugar da revelação da amizade de Deus. É impossível avizinhar-se de Deus sem perceber essa dimensão necessária. Encontramos na Bíblia páginas cheias de humor, representado e transmitido segundo estratégias muito diferentes.

Deus me fez rir

Um dos textos emblemáticos diz respeito a Abraão e Sara, sua mulher. Na história de fé que eles escrevem, o riso e o humor emergem naturalmente. Há a situação inicial que todos nós conhecemos: a de Sara ser estéril e os dois se encontrarem numa idade muito avançada e ainda sem filhos. Dá-se, então, a inesperada promessa de Deus de que, passado um ano, Sara será mãe! E Sara quando ouve dizer isso, se pôs a rir baixinho, por detrás do pano da tenda.

> O Senhor disse a Abraão: "Por que Sara está rindo e dizendo: 'Será verdade que eu hei de ter um filho, velha como estou?' Haverá alguma coisa que seja impossível para o Senhor? Dentro de um ano, nesta mesma época, voltarei à tua casa, e Sara terá já um filho". Cheia de medo, Sara negou que estivesse rindo: "Não ri". Mas ele disse-lhe: "Não! Tu riste" (Gn 18,13-15).

O diálogo do Senhor é delicioso e vai determinar o nome da criança que vai nascer. É que o nome Isaac significa "Deus sorri". Sara havia rido primeiro por incredulidade, por pura descrença perante um anúncio desconcertante de Deus, que ela não via como pudesse desencadear-se! Mas precisamente nesse contexto, ela é desafiada a sorrir, percebendo como o humor de Deus desbloqueia a história dos seus impasses, e torna possível aquilo que ela, no seu coração, tinha já por impossível. Ela vai ter um filho e poder dizer: "Deus faz-me sorrir, e todos os que o souberem podem sorrir comigo!" (Gn 21,6). Um riso absolutamente novo: o da confiança nos imprevisíveis caminhos de Deus.

O riso conduz-nos à sabedoria

Muitas vezes encontramos o riso associado à construção da verdadeira sabedoria. A Bíblia ensina-nos a rir dos nossos juízos e saberes, das coisas cheias de seriedade que fazemos, da esperteza com que tentamos salvar as aparências ou sobreviver às dificuldades. Esse riso de nós próprios é um riso altamente purificador e abre-nos a um sentido novo, a um outro sorriso, que é o de Deus. Sobretudo nos livros sapienciais, encontramos uma série de máximas para ler com um riso nos lábios, porque colocam-nos a nu descaradamente.

> Não consultes uma mulher ciumenta sobre a sua rival,
> um medroso sobre a guerra,
> um negociante sobre os negócios,
> um comprador sobre uma coisa para vender,
> um invejoso sobre a gratidão,
> um egoísta sobre a bondade,
> um preguiçoso sobre qualquer trabalho,
> um criado preguiçoso sobre uma grande tarefa!...
> (Eclo 37,11)

Ao lermos esse conselho no Livro do Eclesiástico rimo-nos porque reconhecemos a nossa realidade, mas o riso depura-nos, abre-nos para uma consciência profunda de nós mesmos. O riso serve de espelho: em vez de andarmos num esconde-esconde de aparências, dá-nos a possibilidade de uma contemplação desdramatizada que construtivamente nos incita à mudança.

> O preguiçoso diz:
> "Anda uma fera no caminho, um leão na estrada!"
> Como a porta gira sobre os seus gonzos,
> assim o preguiçoso no seu leito.
> O preguiçoso mete a mão no prato,
> mas cansa-se de a levar à boca (Pr 26,13-15).

Goteira pingando em dia de chuva
e mulher briguenta, tudo é a mesma coisa (Pr 27,15).

A sanguessuga tem duas filhas,
que se chamam: "Dá-me, dá-me!" (Pr 30,15).

O Eclesiástico e os Provérbios estão repletos de máximas muito inspiradas pelo humor oriental, talvez em alguns aspectos um tanto divergente do nosso. Mas o importante é dar-se conta de que o riso é uma forma sábia de entrarmos em nós próprios, na nossa realidade, e quebrarmos a falsa solidez das aparências, ousando ver-nos como somos. Nesse sentido, o riso tem uma função sapiencial: é um indutor de sabedoria espiritual, conduz-nos a ela.

Na Bíblia há vários campeões de desculpas esfarrapadas. Quando Moisés chegou com a Tábua da Lei, descendo do Monte da Revelação, teve a surpresa da sua vida! Quando era de esperar que todo o povo estivesse como um só coração e uma só alma para receber a Lei, estava afinal reunido em torno de um bezerro de ouro! Moisés pede justificações a Aarão, como nos descreve o capítulo 32 do livro do Êxodo. E Aarão dá a desculpa mais esfarrapada da tradição bíblica. Diz: "Eles queriam um deus, deram-me o ouro, eu lancei o ouro ao fogo e saiu-me este bezerro!". É interessante porque o livro do Êxodo, sendo um relato da libertação, é também um relato de humor. Não nos libertamos sem aceitar o risível que nos habita.

Temperar de humor a oração

O riso ajuda-nos a ir além do fatalismo que às vezes se abate violentamente sobre nós. O anterior texto de

Gênesis 18 é um excelente exemplo. Aí Abraão tenta convencer Deus a salvar a cidade de Sodoma que está para ser condenada... Abraão constrói um estratagema argumentativo. Primeiro diz: "Ó Deus, é verdade que a cidade não tem remédio, mas se nela houver 50 justos, tu estarás disposto a poupar a cidade?". É claro que Abraão sabia que em Sodoma não havia 50 justos, mas, se Deus dissesse que sim, Deus entrava no jogo! Às vezes, a questão é essa: entrar também no jogo! Vemos isso bem nas parábolas de Jesus! O que ele faz frequentemente é tentar que aquela gente entre no jogo da sua lógica, e, uma vez no jogo, a surpresa do Reino de Deus pode então irromper. A Abraão Deus diz: "Não, se houver 50 justos, eu pouparei a cidade de Sodoma". Então Abraão sugere logo um desconto de 10 por cento e diz: "Mas, Senhor, se a estes 50 faltarem cinco, se só houver 45 justos, destruirás a cidade?". Abraão, entusiasmado, num texto tecido pelo humor, continua pedinchando, 30, 20 até chegar a 10 justos. E nós percebemos aqui a dimensão do jogo, que é no fundo a dimensão do humor.

Por vezes a nossa oração é demasiado séria. É muito importante que ela se deixe atravessar pelo humor. Aprender a rezar com Sara e Abraão, com esses dois crentes, é aprender a rezar com os nossos risos, com os nossos impasses e descrenças, com essa espécie de jogo bem-humorado que a oração introduz. Há uma desproporção tão grande entre o céu e a terra, entre a fidelidade de Deus e a nossa fragilidade que, depois de tudo e através de tudo, só o sorriso de Deus estampado no nosso rosto pode fazer a diferença. Por alguma razão o pai do filho pródigo faz com que a sua casa se ilumine com músicas e danças (cf. Lc 15,25).

Humor e profecia

O humor é também essencial para entender os profetas e a vocação profética. Nós temos imensa admiração pelos profetas, mas muitos deles, quando Deus os chamou do lugar onde estavam, a primeira coisa que fizeram foi assobiar para o lado! Deus falava, e eles, nada! Tal qual nós. A Amós, Deus disse: "Olha, eu quero que tu vás profetizar", e ele responde logo: "Mas eu não sou filho de profeta, o que eu sei é cuidar de vacas". Quando Deus pede a Jeremias para ser profeta, ele diz: "Mas eu sou uma criança, nem sei falar!". Mas Deus ri dos nossos obstáculos, transformando aquilo que nos pareciam coisas intransponíveis! O humor de Deus acompanha a nossa vida!

Veja-se o exemplo relatado pelo livro de Jonas, talvez o grande livro do humor bíblico. Deus diz: "Vai levar esta mensagem de condenação para ver se eles se arrependem", e manda Jonas para o sul, mas ele trata de escapar-se imediatamente... para o norte! Sempre em fuga, mete-se num barco e acaba naufragado e engolido por uma baleia. Quando se liberta desta saga, porque a própria baleia o expele, acontece o incidente do terebinto. O profeta está cochilando debaixo de um arbusto, bem instalado, e de repente a planta seca. Quando o Sol lhe fere a careca com toda a violência ele volta de novo a rebelar-se contra Deus.

Vemos assim como os profetas contam a revelação de Deus, a partir do humor das suas próprias vidas. Se cada um de nós fizesse a sua biografia de crente, o amor e o humor de Deus apareceriam claramente associados.

Converter-se pelo humor

O capítulo 18 do primeiro livro dos Reis é um texto admirável. Conta-nos uma história de Elias, o profeta que encontra Deus, não no trovão, não no relâmpago ou no estrondo espetacular, mas na leve brisa. Elias estava sozinho desafiando um exército de quatrocentos sacerdotes de Baal, uma espécie de concurso para ver quem seria defendido pelo seu deus. A partir de uma religiosidade que nós sabemos arcaica e próxima de ideias politeístas, percebemos como o humor é importante para a construção do verdadeiro paradigma crente.

> Então Elias continuou: "Só eu fiquei, como único profeta do Senhor, enquanto os profetas de Baal são quatrocentos e cinquenta. Deem-nos, então, dois novilhos; eles escolherão um, hão de esquartejá-lo e o colocarão sobre a lenha, sem lhe pôr fogo. Eu tomarei o outro novilho, colocá-lo-ei sobre a lenha, sem, igualmente, lhe pôr fogo. Em seguida invocareis o nome do vosso deus; eu invocarei o nome do Senhor. Aquele que responder, enviando o fogo, será reconhecido como verdadeiro Deus". Todo o povo respondeu: "Estas palavras são corretas". Então Elias disse para os profetas de Baal: "Escolhei vós primeiro um novilho e preparai-o, porque vós sois mais numerosos; invocai o vosso Deus, mas não acendais o fogo". Eles tomaram o novilho que lhes fora dado e esquartejaram-no. Depois puseram-se a invocar o nome de Baal, desde manhã até o meio-dia, gritando: "Baal, escuta-nos!". Mas nenhuma voz se ouviu, nem houve quem respondesse. E dançavam à volta do altar que tinham levantado. Quando era já meio-dia, Elias começou a escarnecer deles, dizendo: "Gritai com mais força! Talvez esse deus esteja entretido com alguma conversa! Ou então estará ocupado, ou está de viagem. Talvez esteja dormindo! É preciso acordá-lo!". Então eles gritavam em voz alta, feriam-se, segundo o seu costume, com espadas

e lanças, até ficarem cobertos de sangue. Passado o meio-dia, continuaram enfurecidos, até a hora em que era habitual fazer-se a oblação. Mas não se ouviu resposta nem qualquer sinal de atenção. Foi então que Elias disse a todo o povo: "Aproximai-vos de mim". E todo o povo se aproximou dele. Elias reconstruiu logo o altar do Senhor, que tinha sido demolido. Tomou doze pedras, segundo o número das tribos de Jacó, a quem o Senhor dissera: "Chamar-te-ás Israel". Com essas pedras erigiu um altar ao nome do Senhor; em volta do altar cavou um sulco, com a capacidade de duas medidas de semente. Dispôs a lenha sobre a qual colocou o boi esquartejado e disse: "Enchei quatro talhas de água e derramai-a sobre o holocausto e sobre a lenha". Depois acrescentou: "Tornai a fazer o mesmo". Tendo eles repetido o gesto, acrescentou: "Fazei-o pela terceira vez". Eles obedeceram. A água correu à volta do altar até o sulco ficar completamente cheio. À hora do sacrifício, o profeta Elias aproximou-se, dizendo: "Senhor, Deus de Abraão, de Isaac e de Israel, mostra hoje que és tu o Deus em Israel, que eu sou o teu servo; às tuas ordens é que eu fiz tudo isso. Responde-me, Senhor, responde me! Que este povo reconheça que tu, Senhor, é que és Deus, aquele que lhes converte os corações" (1Rs 18,22-37).

Aceitando o rio Jordão da nossa vida

O humor abre espaço na nossa vida à surpresa. Rimo-nos porque, sem esperarmos, uma palavra cheia de graça vem ao nosso encontro. Na verdade, também a fé não é, de todo, uma experiência previsível, um mapa prévio muito detalhado, mas uma abertura à surpresa de Deus, ao inesperado de Deus que nos convoca... É interessante percebermos, na Bíblia, como essas surpresas costuram o caminho crente. Quando Naaman, general do rei arameu vem a Israel e o profeta Eliseu, sucessor de Elias, o manda lavar-se sete vezes no insignificante rio Jordão, ele diz: "Como é que é possível! Eu que tenho tantos rios fantásticos na minha terra vou-me lavar num desprezível riacho lamacento?!" Depois o servo pergunta-lhe: "Se ele te pedisse uma coisa difícil, tu farias?" E ele respondeu: "Ah, sim!" "Então ele pediu-te uma coisa tão simples, e por que é que não a vais fazer?" E no fim, quando ele o fizer, fica curado da lepra (cf. 2Rs 5).

O riso e a alegria são a via simples. Quando queremos a via heroica, e ambicionamos projetos extraordinários e artificiosos, o humor ajuda-nos a compreender que, aceitando a simplicidade, o mínimo, aceitando o "rio Jordão da nossa vida", é que somos curados. O máximo no mínimo. O mais no menos.

O humor de Jesus

O humor está presente na linguagem e nas situações de vida de Jesus. Em Lucas 24 temos um exemplo claro. Os dois discípulos de Emaús estão falando com Jesus, mas não o sabem. E dizem-lhe inclusive: "Tu és o único estrangeiro de Jerusalém que desconhece estes fatos!". Já se viu maior ironia de situação?! Mas um discípulo, um cristão também se constrói pela ironia de Deus. Isto é, pela experiência de que Deus toma aquilo que são as nossas fatalidades, o nosso sem remédio, o nosso acabado e perdido, e sorri! Começamos então um caminho mais profundo e positivo do que supúnhamos.

Por diversas vezes, quiseram agarrar Jesus para fazê-lo rei. E Jesus escapa sempre a essas tentativas. Mas houve uma vez em que Jesus usou a sua própria iniciativa, querendo entrar em Jerusalém. Só que o fez da maneira mais estranha e... risível! Pôs-se em cima de um jumento, e entrou e foi aclamado rei não pelas autoridades competentes, mas pelas crianças e pelo povo da rua! É interessante como São João ao contar isso, em Jo 12,12-16, diz assim: "Os discípulos não compreenderam nada do que tinha acontecido". Como é que se poderia compreender o que se tinha passado, sem ligar ao humor profético de Jesus? Vem-nos imediatamente à lembrança os *Cristos* pintados por Rouault. O Cristo *clown*, em todo o seu dramatismo, é também humor, explosão de cor formidável. O resgate acontece não apenas pelo sofrimento. Acontece também pela alegria.

O humor continua na história dos Apóstolos. É o caso de Atos 12, quando Pedro é libertado da prisão. Vai à casa onde os discípulos estão reunidos e bate à porta fortemente. Uma criada acorre a abrir e pergunta quem é. Ela escuta, então: "Sou Pedro!". Reconhece a voz de Pedro e apressa-se a dizer aos outros que Pedro está à porta. Gera-se mesmo uma discussão: será mesmo ele? Mas ele estava preso!... E Pedro continua batendo à porta!

A criação é a dança de Deus

Falar do bom humor de Deus, na Bíblia, ilumina a nossa condição de *homo ludens* e *homo festivus*. O lúdico, o humor, o jogo abrem portas novas dentro de nós! São dimensões importantes para vencer essa doença mortal que é a angústia.

O humor na experiência da fé ajuda-nos nesse processo de recriação interior. A experiência de fé é uma experiência de criação e de recriação! A metáfora mais poderosa que São Paulo encontra para falar de Jesus Cristo é dizer: "Nele, nós fomos criados e recriados". O grande tópico da experiência cristã é essa experiência de nascimento e renascimento, da vida em aberto, em recomposição a partir da graça do Espírito. A escritora Flannery O'Connor, dotada de um humor assombroso, criticava no catolicismo do seu tempo um déficit tremendo de fantasia, de imaginação. Se deixamos de lado a fantasia, a imaginação, o humor, o lúdico, acabamos por esquecer a arte de reencontrar a alegria. O teólogo Hugo Rahner sublinha que no livro bíblico dos Provérbios, quando se fala da ação de Deus, do seu fazer e criar, é usada a mesma palavra que nos aparece no segundo livro de Samuel (6,5) para descrever a dança de Davi perante a Arca da Aliança. O fazer de Deus é uma dança, uma dança festiva. A mesma palavra: Deus dança, Deus cria. A Criação é a Dança de Deus. Aquela roda maravilhosa dos eleitos que Frei Angélico pintou, no meio de anjos músicos todos de mãos dadas, é uma imagem muito mais próxima da tradição bíblica do que aquilo que poderíamos supor. Um poema muito belo de Auden diz: "Eu não sei nada que cada um de vós já não saiba./ Se estivermos lá, onde a Graça de Deus dança,/ também nós dançaremos".

16

Paulo, mestre da alegria cristã

A "alegria" é uma categoria que marca profundamente a teologia de Paulo, a ponto de se defender para ele o título de "o teólogo da alegria". De fato, esta é uma espécie de constante em todo o epistolário. Emerge em passagens centrais da reflexão que o Apóstolo desenvolve, como estado permanente que deve acompanhar a própria condição cristã. Das 326 vezes que o vocabulário da alegria aparece no Novo Testamento, mais de 1/3, 131 vezes, é em textos do Apóstolo.

A alegria, como também veremos, liga-se a situações concretas que vão sendo vividas e à ressonância singular delas na personalidade de Paulo. A alegria tem esse condão de nos chamar à realidade e constituir uma espécie de termômetro para atestar a saúde interior. Mas isso acontece, segundo Paulo, porque a Alegria cristã existe numa íntima articulação com os eixos maiores do próprio *Kerygma*.

A alegria e o mistério de Cristo

Explícita e implicitamente o anúncio paulino da alegria liga-se à Ressurreição do Senhor, como se pode ver desde já em 1Ts 1,6-10, mas também em outras passagens (2Cor 7,3-4; 13,1-11; Fl 1,15-20; 2,17). Na passagem de Tessalonicenses, o Apóstolo escreve: "Vós vos fizestes imitadores nossos e do Senhor, acolhendo a Palavra em plena tribulação, com a alegria do Espírito Santo, tendo-vos, assim, tornado um modelo para todos os crentes na Macedônia e na Acaia. Na verdade, partindo de vós, a palavra do Senhor não só ecoou na Macedônia e na Acaia, mas por toda a parte se propagou a fama da vossa fé em Deus, de tal modo que não temos necessidade de falar disso. De fato, são eles próprios que contam o acolhimento que vós nos fizestes e como vos convertestes dos ídolos a Deus, para servirdes o Deus vivo e verdadeiro e para aguardardes do céu o seu Filho, que ele ressuscitou de entre os mortos, Jesus".

O trecho gravita em torno da Palavra do Senhor, que é fonte de alegria na vida do Apóstolo e da comunidade que o imita. Mas o acolhimento da Palavra é essencialmente acolhimento do evento de que a Palavra é anúncio, e que lhe fornece uma identidade específica. Nesse contexto percebemos o duplo sentido que Paulo confere à expressão "Palavra do Senhor": é Palavra do Senhor porque o próprio ressuscitado fala (cf. 2Cor 13,5) e é Palavra do Senhor porque o Ressuscitado é objeto do anúncio (2Cor 13,3). Por isso a explosão de alegria que brota inevitavelmente desse encontro do crente com o Ressuscitado pela força da sua Palavra.

De igual forma, a persistência da alegria nas tribulações e sofrimentos entende-se como aceitação do Evangelho do Ressuscitado que é também Crucificado. As provações tornam-se precisamente a circunstância para misteriosamente coincidir com o Senhor Crucificado. Existe um admirável crescendo na narrativa das Cartas em que se desenvolve o nexo, apaixonante e escondido, entre a vida do Mestre e a do discípulo, entre o Senhor Morto e Ressuscitado e o Apóstolo chamado a um morrer-com e a um ressurgir-com. É assim que o próprio Paulo aproxima a sua fragilidade ("Alegramo-nos quando somos fracos" – 2Cor 13,9) da fragilidade daquele que primeiro "foi crucificado na sua fraqueza, mas agora está vivo pelo poder de Deus" – 2Cor 13,4. A possibilidade da alegria para Paulo assenta, antes de tudo, na possibilidade de condividir, íntima e plenamente, o destino de Cristo. É isso que ele escreve em Fl 2,17-18, recorrendo à linguagem do sacrifício e do culto: "Alegro-me até mesmo se o meu sangue tiver de ser derramado em sacrifício e oferta pela vossa fé; sim, com todos vós me alegro. Do mesmo modo, alegrai-vos também vós; sim, alegrai-vos comigo".

Como síntese e ponto culminante dessa relação, entre a alegria e o mistério de Cristo, fixemo-nos a expressão "no Senhor", de Fl 4,4: "Alegrai-vos sempre no Senhor! De novo o digo: alegrai-vos!". O que essa brevíssima preposição nos revela? Que a alegria não irrompe numa adesão extrínseca, mas implica comunhão, mergulhar a inteira vida "no Senhor", e fixar-se aí, radicados, moldados, escondidos, "enterrados", como a certa altura Paulo diz. "Alegrar-se no

Senhor" não é uma qualquer vibração entusiástica, mas o reconhecimento da definitividade do Ressuscitado sobre todos os acontecimentos e sobre a extensão global da vida. Nada fica de fora.

Tem-se sabiamente sublinhado um paralelismo flagrante entre a expressão "alegrar-se no Senhor" de Fl 3,1a e o "manter um mesmo sentimento no Senhor" (Fl 4,2). E esta segunda elucida sobre a construção necessária, pois não está tudo feito. É um tender, um tornar-se, um seguir. Na verdade, há uma distância a preencher entre aquilo que aconteceu de uma vez por todas na vida de Jesus e aquilo que pacientemente tem de ser cuidado na vida do Apóstolo. Paulo afirma expressamente que Cristo deve ser glorificado no seu corpo mortal: "Cristo será engrandecido no meu corpo, quer pela vida quer pela morte" (Fl 1,20), isto é, Cristo está, em nós, em expansão. Da alegria podemos, por isso, dizer que em Paulo a sua chave permanece cristológica: a alegria paulina é consequência da inauguração do ato definitivo de Deus que através do Ressuscitado dá sentido e horizonte. Daí a declaração radiosa: "Estou cheio de consolação e transbordo de alegria" (2Cor 7,4).

Alegria e Espírito Santo

Nos escritos de Paulo há uma surpreendente analogia na relação Cristo/Alegria e Espírito/Alegria. A alegria cristã é também sopro desse Espírito que é manifestação e potência de Deus, e que mantém com Cristo uma continuidade fundamental. Trata-se da mesma alegria que se encontra na atitude de amor do Pai, na condição do Ressuscitado e na essência plasmadora e transformadora do Espírito. A esse ponto podemos perceber que Paulo atribui ao Espírito o dom da alegria. Em 1Ts 1,6, Paulo fala da "alegria do Espírito Santo", e em Gl 5,22, a alegria integra – em segundo lugar – o conjunto de dons que são "frutos do Espírito". A alegria é a ação desencadeada pelo Espírito nas condições atuais do cristão. Ela está exposta às alternâncias da história com as suas atribulações e o seu dramatismo, mas radica-se profundamente na presença onitransformante de Cristo e do seu Espírito. Mas para isso há que se percorrer um caminho segundo o Espírito que nos assinala com a novidade da Ressurreição: "Mas eu digo-vos: caminhai no Espírito" (Gl 5,16); "Deixai-vos conduzir pelo Espírito" (Gl 5,18).

Resulta por isso muito feliz a expressão paulina de Rm 14,17: "É que o Reino de Deus não é uma questão de comer e beber, mas de justiça, paz e alegria no Espírito Santo". Na sequência, justiça, paz e alegria no Espírito toma forma o Reino de Deus. E a gente pode dizer: "Justiça e paz" percebe-se que sejam transparência do Reino, pois obrigam a uma conversão social, a um empenho efetivo na transformação da história. Mas agora a alegria, será que tem alguma plausibilidade nesta tríade? A alegria é uma respiração pneumática fundamental. O Espírito é o grande inspirador da novidade, da renovação, do borbulhar imprevisto do Dom, dos antigos e dos novos carismas. É o grande responsável pela fantasia da caridade. E a alegria é o dialeto, a dicção, a caligrafia do Espírito.

Alegria e comunidade eclesial

A alegria é um dom do Espírito (cf. Gl 5,22), mas toma forma e concretude no encontro do Apóstolo com a comunidade. A própria comunidade é motivo de alegria. Nessa direção vão diversas expressões:

- "Sim, vós é que sois a nossa glória e a nossa alegria!" (1Ts 2,20).
- "Meus caríssimos e saudosos irmãos, minha coroa e alegria" (Fl 4,1).

Existe uma continuidade entre a presença do Ressuscitado e o seu tornar-se visível na espessura concreta de uma comunidade. A alegria do Apóstolo é o efeito daquilo que Cristo cumpriu para com ele e se torna palpável na vida comum dos irmãos.

O Apóstolo não pode não se alegrar pelo fato que o próprio acontecimento de Cristo informe a comunidade "a vossa obediência chegou aos ouvidos de todos; e por isso me alegro convosco" – Rm 16,19). A comunidade não é apenas destinatária do Evangelho, mas Paulo reconhece-lhe um papel ativo no testemunho e na missão, num exercício de colaboração e corresponsabilidade ("Todas as vezes que me lembro de vós, dou graças ao meu Deus, sempre, em toda a minha oração por todos vós. É uma oração que faço com alegria, por causa da vossa participação no anúncio do Evangelho" – Fl 1,3-5). Tudo isso permite a Paulo usar uma gama de expressões que atestam a proximidade entre ele e a comunidade, evidenciada em laços de autêntico afeto:

- 1Ts 2,17 – "Mas nós, irmãos, órfãos de vós por breve tempo, longe da vista mas perto de coração, redobramos esforços para rever o vosso rosto, porque tínhamos um ardente desejo";
- 2Cor 6,13 – "Pagai-nos com a mesma moeda – como a filhos vos falo: dilatai, também vós, o vosso coração".

O desejo de rever o rosto é desejo da amizade nova que se instaurou a partir do vínculo da fé, e desejo ao mesmo tempo de contribuir para a maturação desta mesma fé: 1Ts 3,2 – "Enviamos Timóteo, nosso irmão e colaborador de

Deus no Evangelho de Cristo, para vos confirmar e encorajar na vossa fé".

Com isso não se ignoram as oscilações e acidentes que caracterizam esta relação de alegria: Paulo vive com preocupação os fatos da Comunidade, entusiasma-se e sofre conjuntamente. A atitude predominante não deixa de ser nunca a da alegria, mas no contexto dela o Apóstolo dispõe-se a aceitar também as dificuldades e as tribulações:

- 2Cor 13,9 – "Alegramo-nos quando somos fracos e vós sois fortes."

O Apóstolo deve também levantar a voz para alertar a comunidade; a sua responsabilidade para com ela obriga-o a vigiar e a intervir. Todavia, deixando bem claro que a meta é a alegria da conversão:

- 2Cor 7,8-9 – "Sim, se vos causei tristeza com a minha carta, não me arrependo. E se então me arrependi – pois vejo que essa carta vos entristeceu, embora por pouco tempo – agora alegro-me, não por vos ter entristecido, mas por essa tristeza vos ter levado ao arrependimento".

Por outro lado, existe uma alegria da comunidade que tem origem no Apóstolo. Ele é consciente de ser portador da alegria para a sua comunidade. Em 2Cor 1,24 lê-se: "Somos colaboradores da vossa alegria"; e já anteriormente, quando quer justificar a sua não ida a Corinto, diz (2Cor 1,15): "Com esta confiança, tencionava primeiro ir ter convosco, para que recebêsseis uma segunda graça/alegria".

A visita de Paulo é alegria para a comunidade. É claro que se trata aqui também de um reconhecimento da parte da comunidade. A comunidade alegra-se pela visita, ou deseja-a, porque encontra na visita do Apóstolo um sinal da visita do próprio Cristo. E se Paulo aceita esse reconhecimento do seu ministério apostólico, expande o sentido em relação a todos os irmãos. É o caso do bom acolhimento de Tito pela comunidade de Corinto (cf. 2Cor 7,13): "Foi por isso que ficamos consolados. Mas, além desta consolação, ainda mais nos alegramos pela alegria de Tito". É o caso do regresso de Epafrodito à comunidade de Filipos: "Entretanto, acho necessário enviar-vos Epafrodito, meu irmão, colaborador e companheiro de luta e vosso enviado para me servir nas minhas necessidades. É que ele tem sentido saudades de todos vós e tem-se preocupado, por terdes ouvido dizer que esteve doente. E é verdade: esteve doente, à beira da morte. Mas Deus compadeceu-se dele; não dele apenas, mas também de mim, para que não tenha tristeza sobre tristeza. Por isso, mais depressa o envio, para que, ao vê--lo, de novo vos alegreis e eu fique menos triste. Recebei-o, portanto, no Senhor, com toda a estima e estimai homens como ele; pois foi por causa da obra de Cristo que esteve perto da morte, arriscando a vida, para vos substituir nos serviços que vos era impossível prestar-me" (Fl 2,25-30).

É a única alegria que tende a abraçar todas as relações. Alegria e caridade tornam-se um só coisa na vida da comunidade: a alegria só pode ser plena se a caridade é vivida no conjunto dos irmãos (Fl 2,2): "Fazei com que seja completa a minha alegria: procurai ter os mesmos sentimentos, assumindo o mesmo amor, unidos numa só alma, tendo um só sentimento". O que significa que tal alegria deve encarnar-se nas relações internas de caridade, e que tais relações tornam-se o contexto vital da alegria.

Um texto reconduz à unidade essa polaridade relacional Apóstolo-comunidade:
- Fl 1,25-26 – "É confiado nisto que eu sei que ficarei e continuarei junto de todos vós, para o progresso e a

alegria da vossa fé, a fim de que a glória, que tendes em Cristo Jesus por meio de mim, aumente com a minha presença de novo junto de vós". Fala-se de uma "Alegria da fé", que une em modo inseparável o destino do Apóstolo com a vida da comunidade. Aqui não se fala da alegria das pessoas, mas da *pistîs*. A relação que une o Apóstolo e a comunidade é uma relação de fé. Trata-se de um caminho comum, um crescimento mútuo cujo ponto de convergência é Cristo Jesus.

O caminho da alegria

Mesmo se Paulo não oferece uma análise exaustiva da existência cristã, pode-se individuar, sobretudo nas seções parenéticas, o lugar que a alegria é chamada a ter na vida do cristão. Estas ulteriores considerações poderão precisar o nexo entre a alegria e os fatos singulares, alegres ou não, da vida humana.

1. Um binômio particularmente significativo é aquele que liga esperança e alegria. Pensemos em duas expressões da Carta aos Romanos – Rm 12,12: "Sede alegres na esperança"; e Rm 15,13: "Que o Deus da esperança vos encha de toda a alegria". A exortação à alegria pretende reconduzir o cristão e a comunidade para lá dos fatos contingentes àquele fundo de serenidade que é determinado pela esperança consciente de quem sabe que, doravante, a vida do homem está mergulhada, através do mistério de Cristo, no próprio Deus. São Paulo não convida à indiferença ou à impassibilidade perante as crises e os conflitos da vida, mas sim ao fator decisivo por excelência: o Evento do ressuscitado, sobre o qual, fiel e criativamente, é chamada a construir-se toda a existência cristã.

2. Mas Paulo fala também, e esse é um segundo binômio, de um equilíbrio entre a alegria fundamental a que um cristão é chamado e os incidentes próprios de uma vida. A imagem que Paulo tem das comunidades (e de si próprio!) não é, de modo nenhum, idealizada. Ele sabe como a fragilidade e a incerteza se avizinham. E, por isso mesmo, propõe duas atitudes: a) condividir os sentimentos uns dos outros ("Alegrai-vos com os que se alegram, chorai com os que choram" – Rm 12,15), e este estilo de presença continua o acolhimento e condivisão que Cristo realiza, assumindo a nossa humanidade; b) e o convite a chorar, gozar e possuir, como se não chorássemos, gozássemos ou possuíssemos ("os que choram, como se não chorassem; os que se alegram, como se não se alegrassem; os que compram, como se não possuíssem" – 1Cor 7,30).

Se a alegria pretende ser verdadeira, não é a euforia de um momento, mas o horizonte inapagável e vivo de Cristo. Neste sentido a alegria é inclusiva. A existência do cristão deve sintonizar-se com aquilo que aconteceu na vida humana de Jesus. Torna-se vida eucarística.

A alegria pode então ligar-se à oração e à ação de graças, porque é dom escatológico de Deus (1Ts 3,9: "Que ação de graças poderemos nós dar a Deus por toda a alegria que gozamos, devido a vós, diante do nosso Deus?"; 5,15-18: "Prestai atenção a que ninguém pague o mal com o mal; procurai, antes, fazer sempre o bem uns para com os outros e para com todos. Sede sempre alegres. Orai sem cessar. Em tudo dai graças. Esta é, de faco, a vontade de Deus a vosso respeito em Jesus Cristo").

3. Paulo é, por vezes, acusado de pessimismo, mas Paulo só o é falando do "homem velho", o qual preso aos fatos contingentes da vida não pode aceder a uma condição

autêntica de alegria. Na verdade, a visão paulina procura um determinado comprimento de onda para a existência humana. Os fatos contingentes mudam, hoje são estes, amanhã aqueles: noite e dia, alegria e dor, alternam-se e cruzam-se. Tudo parece precário e relativizável. A dimensão na qual Paulo se move dá, porém, prioridade absoluta àquele dom, o Espírito, que Deus oferece incondicionalmente em Jesus Cristo a todos os homens. Espírito de filiação divina dada no tempo para toda a eternidade. Para cada homem esta é a verdadeira possibilidade de viver alegremente: ser já amados para sempre por Deus em Cristo Jesus, estar destinados à condição de plena filiação divina.

Há, de fato, uma vizinhança etimológica e semântica entre os termos *Karâ*, que quer dizer *Alegria,* e *Kâris*, que quer dizer *Graça*. Só porque o homem está na Graça pode também experimentar a alegria. A alegria é o sinal, quase sacramental, da Graça divina.

Se algumas correntes hebraicas, marcadas por passagens do Antigo Testamento, insistiam na concretização da bênção de Deus no dom material da terra (filhos, saúde, abundância), Paulo não se move nessa direção. Não porque não reconheça valor aos benefícios que podem acompanhar a vida do homem (a coleta; a saúde de Epafrodito), mas a prioridade é dada ao bem por excelência que é a riqueza do dom de Deus.

Em relação á tradição helenística, Paulo soube também marcar as diferenças. Para os gregos, o ter ou não ter certos bens era atribuído à sorte, e implicitamente a um ente divino de cujo arbítrio dependiam as diversas situações humanas. As várias filosofias tinham procurado racionalizar quanto possível a experiência da dor e do mal, chegando a várias soluções: a paciência socrática, a ataraxia estoica, o comprazimento epicurista. Paulo coloca-se em outro plano. Não há nem lugar para uma sorte que discrimine os homens, nem para o puro voluntarismo humano como solução. Ao contrário, há um convite à alegria. O que aconteceu em Jesus Cristo coloca todos os homens na posição de "agraciados". É uma Graça na qual o Pai se dirige como misericordioso a todos os seus filhos, sem preferência e sem discriminação. Vemos assim que a alegria torna-se um horizonte concreto onde se pode colher a originalidade cristã que o pensamento de Paulo reflete.

Alegria e escatologia

O primeiro dado a relevar é que a própria alegria é dom escatológico: assinala já no presente a plenitude do cristão. Paulo não situa a alegria num futuro, quanto muito situa aí a sua plenitude. A alegria integra a dinâmica da promessa. Paulo fala de "um conduzir à perfeição" (2Cor 13,11) e de "um tornar plena a alegria" (Fl 2,2): expressões que dizem o crescer e o maturar dessa alegria. Essa aparecerá em toda a sua intensidade "diante do Senhor" na Parusia (1Ts 2,19) e diante de Deus (1Ts 3,13). Então a promessa será completamente cumprida. Essa condição não retira nada à alegria, mas faz perceber a sua condição itinerante.

São interessantes, nesse sentido, as expressões de Paulo que declinam a alegria no presente e no futuro: "É com isso que me alegro, e mais ainda continuarei a alegrar-me" (Fl 1,18), ou o augúrio de uma plenitude de alegria e de paz na Igreja, como em Rm 15,13: "Que o Deus da esperança vos encha de toda a alegria e paz".

17

O rapaz, o anjo e o cão

A amizade é uma narrativa, por isso não nos admiremos que, para falar dela, a Bíblia recorra tanto à arte das histórias. Na verdade, as histórias são a língua através da qual a amizade melhor se exprime, pois elas desenrolam a paisagem do vivido e do concreto. A amizade é uma sabedoria eminentemente prática. Uma das mais belas imagens da amizade que a Bíblia constrói é-nos contada no livro de Tobias. Tobit era um homem justo e piedoso, que se compadecia de todos os seus irmãos. Uma vez deu uma festa em sua casa e disse ao filho Tobias: "Sai pelas ruas à procura de um pobre da nossa raça e eu juro que não comerei enquanto não o vir sentado à nossa mesa". O filho foi procurar um pobre e encontrou um, morto, abandonado na rua. Tobit levantou-se imediatamente e foi sepultar esse homem. Depois purificou-se e chorou-o. Quando regressou a casa, o banquete já não era o mesmo, nada em seu redor conservava o mesmo brilho, nenhum alimento mantinha o prometido sabor. Ele recordou-se das palavras do profeta, "A vossa alegria será transformada em lágrimas", e sentiu que a sua vida naquela noite se aproximou de uma transformação qualquer.

Passado pouco tempo, estava descansando de olhos abertos e não se deu conta de que havia uns pássaros por cima do muro. Os dejetos dos pássaros caíram-lhe nos olhos e ficou cego. Ainda tentou o socorro de médicos, mas o seu mal era irremediável. Com a cegueira depressa chegou a pobreza. Tobit lembra-se, então, de que colocou num prestamista uma determinada quantia e que esse dinheiro lhe faria agora falta. Mas por infelicidade esse prestamista vivia na região da Média, muito longe da cidade onde Tobit residia. Ele só tinha o filho para enviar, mas este precisava de um companheiro para aventurar-se a semelhante viagem. É no capítulo 5 do livro do Tobias que este problema se coloca: "Tobias respondeu a seu pai dizendo: 'Tudo o que me mandaste, pai, eu o farei. Mas como poderei cobrar o dinheiro de Gabael se não o conheço? Que sinal lhe hei de dar para que creia em mim e me entregue o dinheiro? Também não conheço as estradas para a Média, a fim de lá chegar'. Tobit disse ao filho: 'Eu vou-te dar um documento que ele me deu. Bastará que lho mostres, para que ele te devolva imediatamente o dinheiro. E agora, filho, procura um homem de confiança para viajar contigo'".

Saiu, pois, Tobias, à procura de um homem que viajasse com ele e deparou-se-lhe o anjo Rafael, sem que ele soubesse que se tratava de um anjo de Deus. A Carta aos

Hebreus há de assegurar-nos: "Muitos, sem o saber, hospedaram anjos" (Hb 13,2). A amizade é um território para encontros assim. Tobit abençoou a viagem deles dizendo: "Deus que reside nos céus vos conceda uma viagem feliz e que um anjo vos acompanhe". Puseram-se, então, a caminho, Tobias e o anjo, levando com eles o cão de Tobias. Quando regressarem, trarão consigo o milagre. A imagem destes três é um dos mais belos ícones da amizade.

O sapo é uma obra-prima para o mais exigente

Sobre o Anjo há um poema de Adília Lopes, carregado de sabedoria espiritual, que diz: "Um anjo está contigo quando desanimas/Um anjo está contigo quando te alegras/Sempre um anjo está contigo/E o arco-íris brilha como a água que corre". Mas numa reflexão sobre a amizade não podemos também esquecer o cão que caminha ao lado de Tobias e representa a aliança de amizade entre o ser humano e todas as criaturas. De fato, Deus não colocou o homem como senhor da criação, mas como seu pastor. Entre tantos outros mistérios, fazemos todos parte de uma paisagem única. A nossa tarefa não é dominar, mas apascentar aquilo que, em linguagens tão audíveis e tão silenciosas, as outras espécies, nossas companheiras na grande viagem do mundo, dizem. Nesse sentido, como soa espantosa a verdade do poema de Walt Whitman:

> Creio que uma folha de erva
> não vale menos do que a jornada das estrelas,
> E que a formiga não é menos perfeita,
> nem um grão de areia, nem um ovo de carriça,
> E que o sapo é uma obra-prima para o mais exigente,

E a amora silvestre trepadeira
poderia adornar os salões do céu,
E a mais pequena articulação da minha mão
escarnece de toda a maquinaria
E que a vaca ruminando com a cabeça baixa
supera qualquer estátua,
E que um rato é milagre suficiente
para fazer vacilar milhões de infiéis.

Surpreende sempre o hipopótamo referido no livro de Jó. Não é propriamente um divertimento teológico, pois surge numa obra que explora muito seriamente os limites da responsabilidade humana, diante da experiência devastadora do Mal. O que primeiro nos surge ali é o protesto de Jó contra o Mal que se abate inexplicavelmente sobre a sua história, protesto que se estende até Deus, já que, afinal, ele não isenta os justos das tribulações. Mas depois vem o momento em que Deus se propõe interrogá-lo. E nesse diálogo assombroso, desenvolve-se um raciocínio que não pode ser mais desconcertante. Jó só consegue pensar nas suas dores e nos porquês com os quais, inutilmente, esgrima. Deus, porém, desafia-o a olhar de frente para... um hipopótamo. "Vê o hipopótamo que criei como a ti, que se nutre de erva como o boi. A sua força reside no seu lombo, e o seu vigor nos músculos do seu ventre. Levanta a sua cauda como um cedro; os tendões das suas coxas estão entrelaçados. Os seus ossos são como tubos de bronze, a sua estrutura é semelhante a barras de ferro. É a obra-prima de Deus..." (Jó 40,15-19).

O método de Deus neste singular encontro com Jó é abrir a medida do seu olhar, rasgá-lo imensamente a tudo o que é grande, a tudo o que não tem resposta, mostrando-

-lhe que, se o Mal é um enigma que nos cala, o Bem é um mistério ainda maior. A maravilhosa obra do Criador também não tem resposta. Por que pretender a todo o custo uma solução para o Mal, se o Bem é igualmente uma pergunta, e uma pergunta mais funda, vasta e silenciosa?

Jesus também nos manda olhar: olhar os pássaros do céu e os lírios do campo (Lc 12,22-34). A vida moderna afastou-nos da amizade com a natureza. As paisagens urbanas, com as suas florestas de betão, encerram a vida entre paredes eficazes, colonizam-nos com uma parafernália de instrumentos que servem para garantir níveis de comodidade, mas o ar que respiramos por alguma razão chama-se "ar condicionado". "Olhai os pássaros... olhai os lírios." Precisamos de amplitude, de campos vastos a perder de vista, de viagens mais profundas que as da rotina. Precisamos nos avizinhar do silêncio das coisas, cúmplice do silêncio da nossa alma. Precisamos da liberdade leve das horas inapreensíveis que a roda da criação serenamente nos testemunha. Andamos insatisfeitos, tristes, esgotados porque uma vida confinada e sem largueza é uma vida diminuída. Precisamos ser curados pela amizade das criaturas. "Olhai os pássaros... olhai os lírios."

Podemos ser amigos de uma flor?

Não me esqueço de um dos primeiros casos que uma amiga minha jurista teve de defender, em tribunal. O caso de uma mulher que roubava vasos de flores. Veio-se a perceber que ela não tinha propriamente uma casa: vivia numa gruta escura, que durante décadas servira para recolher animais nos invernos mais duros. A esse lugar não chegava nenhum transporte. A mulher subia até onde acabava o alfalto e metia-se depois, a pé, por uns atalhos empedrados e solitários até o lugar mais do que precário da sua improvisada morada. Ora, nesse lugar, a polícia descobriu mais de uma centena de vasos roubados, que a mulher, porém, mantinha incrivelmente floridos.

Sabemos tão pouco uns dos outros e de nós próprios! Contudo, a amizade é uma roda que se alarga como aquelas pedras que na infância atirávamos no lago e nos fascinavam desenhando, na água, círculos cada vez maiores.

Podemos ser amigos de uma flor? No *Diário* de Etty Hillesum pode ler-se: "Ah, sim, o jasmim. Como é possível, meu Deus, que ele esteja ali entalado entre o muro sem cor dos vizinhos dos fundos e a garagem. Ele olha por cima do escuro telhado raso e lamacento da garagem. Entre aquela escuridão parda e lamacenta, ele é tão radioso, tão puro, tão exuberante e tão frágil, uma jovem noiva audaciosa perdida numa má vizinhança. Não entendo nada do jasmim. Também não é necessário entender. Ainda é possível acreditar em milagres...".

18

Amigo, a que vieste?

O poema "Nota de agradecimento", da escritora polaca Wisawa Symborska, pede para ser lido com ironia. Começa assim: "Devo tanto/àqueles que não amo". O que se esperaria é que ela dissesse: "Devo tanto, ou devo tudo, àqueles que amo". O poema, porém, desconstrói a imagem habitual do mundo: "Devo tanto/àqueles que não amo". E vai explicando: "Não fico à espera deles,/angustiada à janela./Quase tão paciente quanto um relógio de sol"; "De um encontro até a chegada de uma carta/são só alguns dias ou semanas,/não uma eternidade"; "E quando sete colinas e sete rios/nos separam,/essas colinas e esses rios/podem ser encontrados em qualquer mapa". Symborska, com a sabedoria bem-humorada que é normalmente a dos seus

177

versos, destapa aqui uma misteriosa verdade dos sentimentos humanos: o fato de existir uma espécie de sofrimento que só nos pode causar quem está perto de nós. É claro que embaraços, agressões e clivagens podem surgir de qualquer parte, mas nenhuma perturbação provoca em nós tanto impacto, nem golpe nenhum fere tão fundo como aqueles que nos chegam de um irmão, de um amigo.

Só quem me ama me pode trair

Há um aforisma conhecido de T. E. Lawrence: "O meu nome é pertença dos meus amigos" (*My name is for my friends*). De fato, só quem nos ama pronuncia corretamente o nosso nome, sabe o seu significado até o fim, está apto a nomear o nosso mundo na sua complexa e enigmática inteireza. Só quem nos ama é capaz de ver-nos como realmente somos: esta mistura apaixonada e contraditória, esta aventura conseguida e, ainda assim, inacabada, esta pulsão de nervos e de alma, de opacidade e vislumbre. Escreveu com razão um poeta: "Quem não me deu Amor, não me deu nada". Só quem nos ama deposita no fundo da terra oscilante do nosso coração uma semente de bondade, um fragmento de amanhã. E, contudo, tal como a noite, a certa hora, espera inevitável pelo dia, ou como a tempestade brota, sem sabermos bem explicar como, do interior da própria bonança, assim é na amizade. Pode existir um momento, uma hora da vida, uma situação em que, com menor ou maior gravidade, sintamos, ao arrepio de tudo, o contato com um gesto, com uma palavra que a atraiçoa.

O sentimento de ser traído não é só uma ferida, é uma cratera, um rasgão que, de alto a baixo, nos descose. Julgávamos viver uma história estável de confiança, apostamos tudo aí e percebemos que não é assim. Tudo se desorienta. A traição estilhaça o nosso quadro interno, precipita-nos na decepção, amarra-nos a uma extensa e desconhecida dor. É verdade que temos de perguntar-nos se as nossas decepções não se prendem demasiado a uma visão narcísica da amizade ou a uma confortável projeção de expectativas no outro, das quais nem todas serão legítimas ou sensatas. Temos de estar de sobreaviso sobre a natureza ilusória daqueles investimentos afetivos que procuram simplesmente uma ressonância do ego e das suas reivindicações. Contudo, mesmo esse necessário processo de análise, que normalmente precisa de tempo e de ajuda para ser desencadeado, não cancela a severa verdade, soletrada tantas vezes por contornos traumáticos: só quem me ama me pode trair.

A história de Judas, um amigo de Jesus

Só quem me ama me pode trair: esta afirmação constitui, por si só, um escândalo difícil de abraçar. Custa-nos olhá-lo de frente, pois a sua visão nos desampara. Talvez isso explique, por exemplo, o sucesso de versões alteradas daquela que é, porventura, a mais emblemática história de traição de um amigo: a protagonizada por Judas. Ainda recentemente, a edição de um texto gnóstico antigo intitulado *Evangelho de Judas* reacendeu esse debate. Em vez de um traidor, Judas é descrito como um discípulo obediente, executor fiel de uma ordem do próprio Jesus que precisaria dessa colaboração para consumar o seu projeto de salvação. Sem o gesto de Judas, Jesus não alcançaria afinal a sua Páscoa. Por isso, o próprio Jesus convence Judas a entregá-lo: "Levanta os olhos e observa a nuvem luminosa e as estrelas em redor. A estrela que indica o caminho é a tua estrela". A mesma ideia encontramos no celebrado romance de Nikos Kazantzakis, *A última tentação de Cristo* (1951). Segundo o escritor, a traição de Judas não deve ser entendida como tal, mas como etapa necessária da revelação do Salvador. "Nós temos de salvar o mundo, ajuda-me" – pede-lhe estranhamente Jesus. São modos ficcionais de contornar o escândalo de que falamos. Nós teremos os nossos.

A primeiríssima menção à pessoa de Judas ocorre na listagem dos Doze discípulos que Jesus escolhe para viverem mais próximos dele (Mc 3,13-19; Mt 10,1-4; Lc 6,12-16). Em hebraico, Judas significa "o predileto". Tal como Cefas (o nome de Pedro) significa "pedra". Há quem veja aqui traços do humor de Jesus, que chama "pedra" a um seguidor assustado como Pedro e tem como discípulo traidor um de nome "predileto". Mas, sem colocar em causa o bom humor de Jesus (tão maravilhosamente explícito), temos de dizer que, em ambos os casos, a verdade do amor prevalece largamente sobre a ironia. E não tenhamos dúvidas: Jesus não escolheu Judas por outra razão que não fosse o amor.

Quanto à origem do apelido "Iscariotes" coexistem também duas explicações, que podem trazer alguma luz à personagem. A mais convencional faz de Judas o *homem de Qeriyyot* (*Ish-Qeriyyot*), pequena povoação da Judeia, situada nas redondezas de Hebron, que é citada duas vezes na Sagrada Escritura (Js 15,25; Am 2,2). Provavelmente, o prefixo *Ish*, que significa *homem*, em hebraico, sublinha aqui a sua importância social. Nesse caso, seria talvez melhor traduzir Iscariotes como *senhor de Qeriyyot*, aludindo assim a um estatuto proeminente. Essa proveniência sublinha um dado importante: Judas era o único discípulo natural da região da Judeia, visto que os outros onze eram galileus. O nome "predileto" não lhe é aplicado em vão.

A outra explicação é a que aproxima o termo "Iscariotes" de "Sicário", uma das denominações dadas aos zelotas, grupo de judeus fortemente nacionalistas que combatiam o poder romano pela via armada. Judas teria integrado os ambientes zelotas, antes de se fazer seguidor de Jesus, e transportaria consigo esse sonho de uma libertação política. Sonho que haveria de condicionar a interpretação que ele faz do caminho de Jesus.

Só quem me ama me pode trair. Lendo os Evangelhos é impossível não se aperceber do arrebatamento que a pessoa e a mensagem de Jesus suscitaram. Inspirado neles, Oscar Wilde oferece este testemunho no seu *De profundis*: "Não tenho dificuldade nenhuma em crer que o seu encanto bastasse para, numa aparição breve, trazer paz às almas aflitas ou fazer com que esquecessem os sofrimentos aqueles que lhe tocavam na túnica ou nas mãos; ou que à sua passagem pela estrada da vida claramente vissem o seu mistério os que até aí nada tinham visto; [...] ou que ao seu ensinamento, na encosta do monte, a multidão se alheasse da fome, da sede e dos cuidados do mundo; e que, aos amigos que o escutavam à mesa, as comidas grosseiras se afigurassem manjares finos, e a água tivesse o sabor do vinho bom, e toda a casa se enchesse do aroma e da doçura do nardo". Mas, a par desse entusiasmo, Jesus conheceu oposições implacáveis, ciladas de vária ordem ou mesmo tentativas de morte, como nos relata Lucas na jornada na sinagoga da sua própria terra, Nazaré: "Ao ouvirem estas palavras, todos, na sinagoga, se encheram de furor. E, erguendo-se, lançaram-no fora da cidade e levaram-no ao cimo do monte sobre o qual a cidade estava edificada, a fim de o precipitarem dali abaixo" (Lc 4,28-29). Mas, e o texto evangélico continua, "passando pelo meio deles, Jesus seguiu o seu caminho" (Lc

4,30). De fato, nunca os opositores conseguiram pôr a mão em Jesus ou aprisioná-lo a um dos seus ardis. Ao contrário, as artimanhas viravam-se contra eles e começavam a temer o povo que o considerava um profeta (cf. Mt 21,46). Realmente precisavam de um amigo para traí-lo.

O que quer dizer a palavra amigo?

A traição de Judas é contada de uma forma direta e impressiva, como veremos, mas porventura o seu traço mais requintado é o ter-se servido de um símbolo de amizade para se consumar. O beijo no rosto era uma prática entre amigos, como ainda hoje ocorre. Na pura relação mestre/discípulo o usual era beijar-se as mãos em sinal de respeito. Porém, Jesus é um Mestre invulgar também na forma como tratava os discípulos. Isso pode ver-se na cena do lava-pés, cuja excentricidade fica bem retratada na reação estupefata de Pedro: "Senhor, tu vais lavar-me os pés?" (Jo 13,6). Não é estranho, portanto, que Judas beije o seu mestre. Mas é surpreendente que Jesus, sabendo o significado daquele beijo, o chame ainda "Amigo".

Judas, com aquele ato, revela que já não é amigo de Jesus. Jesus, contudo, chama-o "Amigo" não só antes, mas no próprio decorrer da traição. Como se a amizade de Jesus fosse até o fim e continuasse para lá dela. Mesmo se Judas traduz com essa ruptura violenta a sua incompreensão de Jesus, Jesus continua-lhe fiel. Aprendemos nos livros escolares a célebre máxima atribuída ao procônsul romano Servílio Cipião: "Roma não paga aos traidores" (*Roma traditoribus non premia*). Jesus, porém, chama-o amigo. O que quer dizer a palavra amigo? Rainer Maria Rilke escreve: "Quase tudo o que acontece é inexprimível e passa-se numa região que a palavra jamais atingiu." O que quer dizer a palavra amigo? Penso nas palavras de Leif Kristianson: "Nunca se está realmente só, quando se tem um amigo. Um amigo ouve o que tu dizes e tenta compreender o que não sabes dizer". Num difícil encontro de amigos, Jesus diz a um deles, Judas, que ele não está só, que o escuta, que partilha com ele o seu destino, que se sente parte de Judas e sente Judas como parte de si, que lhe oferece a sua vida roubada, que lhe oferece a vida, e, por isso, aceita o seu beijo.

A cena da traição

Nos três Evangelhos sinópticos, Jesus é entregue por esse beijo. Em Marcos, Jesus nem tempo tem de reagir: "Jesus ainda falava quando chegou Judas, um dos Doze, e, com ele, uma multidão com espadas e paus; vinham da parte dos sumos sacerdotes, dos doutores da Lei e dos anciãos. Ora, o que o ia entregar tinha-lhes dado este sinal: 'Aquele que eu beijar é esse mesmo; prendei-o e levai-o com cautela'. Mal chegou, aproximou-se de Jesus, dizendo: 'Mestre!'; e beijou-o. Os outros lançaram as mãos em Jesus e o prenderam" (Mc 14,43-46).

No relato de Mateus, há essa dolorosa (e fecunda) pergunta, que não cessa de ressoar: "Amigo, a que vieste?". "Jesus ainda falava, quando apareceu Judas, um dos Doze, e com ele muita gente, com espadas e paus, enviada pelos sumos sacerdotes e pelos anciãos do povo. O traidor tinha-lhes dado este sinal: 'Aquele que eu beijar, é esse mesmo: prendei-o'. Aproximou-se imediatamente de Jesus e disse: 'Salve, Mestre!'. E beijou-o. Jesus respondeu-lhe: 'Amigo, a que vieste?' Então, avançaram, deitaram as mãos sobre Jesus e o prenderam" (Mt 26, 47-50).

Em Lucas temos um elemento novo: a indignação pelo procedimento escolhido ter passado por um beijo, logo por um beijo! É como se o escândalo redobrasse por esta manipulação indevida da gramática que serve à expressão da amizade e do afeto. "Ainda Ele estava a falar quando surgiu uma multidão de gente. Um dos Doze, o chamado Judas, caminhava à frente e aproximou-se de Jesus para o beijar. Jesus disse-lhe: 'Judas, é com um beijo que entregas o Filho do Homem?'" (Lc 22,47-48).

As razões de Judas

Por que Judas traiu? Quando ele se dispôs a seguir Jesus, certamente existia nele idealismo, convicção e verdade. O escritor Paul Claudel coloca estas palavras na sua boca: "Não se pode dizer que em mim tenha sido aquilo a que as pessoas chamam um fogo de palha, em um entusiasmo pueril que me tenha arrastado, nem um sentimento que não vejo como qualificar a não ser de 'sentimental'. Era algo absolutamente sério, um interesse profundo. Queria tirar aquilo a limpo, queria saber para onde ele ia". Podemos acreditar que a princípio existia esse desejo de conhecimento profundo: "Queria saber para onde ele ia". O desejo de verificar com os próprios olhos, de se envolver eram genuínos. Depois, foram-se acumulando poeiras, embaraços, esfriamentos, discórdias. E entramos então no debate de razões históricas, que são sempre muitas, desde as falhas de caráter à rigidez das convicções. Mas não só. Os próprios relatos evangélicos, que meditaram muito sobre o caso de Judas, esforçam-se também por lê-lo como expressão do drama que nos remete para o mistério do mal.

É pelo Evangelho de São João que sabemos ter sido Judas nomeado administrador dos bens do grupo, levantando-se a suspeita quanto à sua honestidade: "Seis dias antes da Páscoa, Jesus foi a Betânia, onde vivia Lázaro, que ele tinha ressuscitado dos mortos. Ofereceram-lhe lá um jantar. Marta servia e Lázaro era um dos que estavam com ele à mesa. Então, Maria ungiu os pés de Jesus com uma libra de perfume de nardo puro, de alto preço, e enxugou-lhos com os seus cabelos. A casa encheu-se com a fragrância do perfume. Nessa altura disse um dos discípulos, Judas Iscariotes, aquele que havia de o entregar: 'Por que é que não se vendeu este perfume por trezentos denários, para os dar aos pobres?'. Ele, porém, disse isso, não porque se preocupasse com os pobres, mas porque era ladrão e, como tinha a bolsa do dinheiro, tirava o que nela se deitava" (Jo 12,1-6). Esta poderia ser a razão: Judas, devorado pela ganância, desviava em proveito próprio o fundo comum do grupo. Sabemos como a força de sedução exercida pelo dinheiro leva a tantas traições. A história está cheia de filhos que, por esse motivo, se levantam contra pais, de irmãos que se colocam contra irmãos, de amigos de uma vida que se desentendem. A pergunta que, segundo a tradição de Mateus, Judas teria feito ao Sinédrio pode atestar a vertigem em que ele entrou: "Que me quereis dar, para que vo-lo entregue?" (Mt 26,15). O Sinédrio fixou 30 estáteres de prata, que em dinheiro romano correspondia a 120 denários, o preço fixado na Lei para a vida de um escravo.

Mas Judas pode ter agido como um "colaborador da justiça", por motivos ideológicos, mais do que pela febre de ouro. Tal como os restantes discípulos, ele estava convencido de que Jesus se dirigia a Jerusalém para instaurar o Reino de Deus e o *Verus Israel*, sob a forma de um poder político, a tal ponto que as discussões entre eles era sobre o lugar que caberia a cada um no futuro governo (cf. Lc 9,46 e Mc 10,35-40). Essa expectativa se reforçou ainda mais com o modo escolhido por Jesus para entrar em Jerusalém: montado num jumento, conforme a profecia de Zacarias (Zc 9,9: "Eis que o teu rei virá a ti, justo e pobre, montado sobre um jumento") e acompanhado de aclamações messiânicas por parte da multidão: "Bendito o que vem em nome do Senhor!" (Mt 21,9).

Mas, em seguida, o comportamento de Jesus em Jerusalém é obstinadamente antitriunfal: Ele se recusa a dizer "com que autoridade" atua (cf. Lc 20,8), evita fazer milagres e contenta-se apenas em ensinar. Ora, quer os discípulos, quer as multidões, viram muito mais de Jesus na Galileia e sentem agora como que *traídas* as suas expectativas. Seguindo a hipótese de que Judas é um zelota, incendiado pelo ideal nacionalista, podemos calcular que ele teria digerido muito mal essa atitude de Jesus em Jerusalém. Distanciando-se de maneira ostensiva do messianismo político que o rodeava, Jesus tornou-se uma dúvida no coração de Judas: se ele não coincidia com a imagem que se esperaria de um Messias, será que ele era o Messias? Tudo não terá passado de um lamentável equívoco? Judas, no fundo, traiu porque se sentiu traído. É a traição de uma traição que determina o seu gesto. Que, da sua parte, tudo fique decidido durante a Última Ceia, evidencia bem a densidade do desfecho: quando, no partir e repartir do pão, Jesus anuncia que aceita viver a sua morte como dom, Judas considera isso intolerável. Ele não quer um Messias que morre. E abandona a sala. Numa nota que vai muito além da mera cronologia, o Evangelho de João comenta: "Fazia-se noite" (Jo 13,30).

Entrar na noite

Os textos evangélicos falam dessa noite. São João diz expressamente que "o diabo induziu o coração de Judas Iscariotes a trair Jesus" (Jo 13,2) e, de forma semelhante, pode ler-se em São Lucas (22,3): "Satanás entrou em Judas, chamado Iscariotes, que era um dos Doze". A noite para a qual a traição nos empurra é a do mistério do mal. Noite de divisão radical, de desapossamento do sujeito, de invasão confusa da treva que torna cada um de nós joguete de paixões destrutivas. Os textos descrevem-na com sobriedade, sem muitas explicações. Dizem simplesmente que uma noite assim existe, que nos atropela como uma avalanche, e que mantendo a responsabilidade pessoal pelos nossos atos, nós agimos esquecendo-nos do que somos. Como escreve Fernando Pessoa, na primeira página do *Livro do desassossego*, "a alma humana é um abismo obscuro... Por mais que dispamos o que vestimos, nunca chegamos à nudez, pois a nudez é um fenômeno da alma e não de tirar roupa... Tudo quanto somos é o que não somos".

No mapeamento do significado da traição somos levados a considerar a sua estrutura triádica. O que trai vive uma dupla pertença, falseando e falseando-se, numa insustentável posição intermédia entre duas verdades antagônicas que se confrontam. A traição é permanecer de forma premeditada neste ambíguo sistema a três, em seu suposto benefício, em que nenhuma verdade permanece estável, e um relativismo generalizado triunfa ao sabor dos oportunismos. Como diz Jesus, "Ninguém pode servir a dois senhores; porque ou há de odiar um e amar o outro, ou se dedicará a um e desprezará o outro" (Mt 6,24). Esta é, algumas vezes, a nossa condição. Comenta o Papa Bento XVI:

"Com efeito, as possibilidades de perversão do coração humano são inúmeras. O único modo de combatê-las consiste em não cultivar uma visão das coisas apenas individualista, autonomizada, mas, ao contrário, em colocar-se sempre de novo da parte de Jesus, assumindo o seu ponto de vista. Devemos procurar, dia a dia, a comunhão plena com ele".

Serei eu, Senhor?

Penso muitas vezes nesse fim de tarde, em que Jesus, sentado à mesa com os doze discípulos, anuncia-lhes que um deles o há de trair. E todos começaram a perguntar-lhe, cada um por sua vez: "Porventura serei eu, Senhor?" (Mt 26,22). É uma tentação nossa concentrar em Judas a possibilidade da traição, colocando-nos completamente de fora dessa hipótese. Isso é o que o filósofo René Girard chama mecanismo do "bode expiatório", que consiste em eleger alguém que carregue a nossa própria violência. Atribuímos a essa entidade o caráter de vítima alternativa e despejamos nela tudo aquilo de que não gostamos e que não queremos ver em nós próprios. O bode expiatório serve para resolver (na verdade, serve apenas para adiar) as nossas crises internas. "Serei eu, Senhor?", pergunta cada discípulo. E o devemos perguntar a nós.

# 19

Ladrões felizes no paraíso

A confiança não vive de uma imagem estática ou aprisionada do outro. Ter confiança é admitir a possibilidade de mudança, de virada, de deslocamento e, num certo sentido, também de "traição". É claro que cada vez que a traição se desenha, ela surpreende e fere, precisamente porque ocorre dentro de um espaço de confiança. Ainda a propósito da amizade de Jesus e de Judas, Charles Péguy escreve em O mistério da caridade de Joana d'Arc: "Sendo Filho de Deus, Jesus sabia tudo,/ O Salvador sabia que Judas, o amado,/ Não o salvaria, dando-se inteiramente./ E é então que Jesus conheceu o sofrimento infinito". Mas fundar, na confiança, a amizade não significa assegurar-se de que nunca seremos decepcionados ou de que nunca vamos decepcionar o outro. Nenhuma vida está isenta dessa prova. De certa forma, a confiança e a traição constituem, ainda que em planos morais e existenciais diferentes, uma expressão de humanidade. Cada um de nós tem necessidade da confiança, mas o pacto da amizade nunca escapa à turbulência de nossos limites, incoerências, fraquezas. A amizade é uma experiência sustentada pelo perdão.

A noção de traição aparece de forma onipresente na vida psíquica, em cada uma das etapas fundamentais da maturação pessoal. Torna-se quase possível descrever a nossa evolução como uma história em que sucessivamente ocupamos ora o lugar de traidores, ora o de traídos. A primeira "traição" de todas nós experimentamos no próprio nascimento, com a separação forçada do corpo materno. Somos atirados para uma exterioridade que nos faz sentir desprotegidos, como se, com o cordão umbilical, se rompesse também um laço afetivo que precisará, depois, ser reconstruído. A segunda é a chamada "traição edipiana", quando alimentamos, sobre um dos pais, uma exigência de exclusividade. "Quem tu preferes? O papai ou a mamãe?" – é-nos perguntado. E a resposta que damos (ou que calamos) é vivida em culpabilidade. Sentimo-nos mal por nos descobrirmos preferindo um dos nossos pais, e por vivermos essa afinidade como uma eliminação simbólica do outro. A terceira traição é a da diferenciação e a da autonomia diante dos progenitores que se consuma até o limiar da nossa vida adulta. Sentimos, ou é nos dado sentir, que os traímos. À medida que nos tornamos nós mesmos, tornamo-nos também outros, ficamos estranhos, como se, de repente, chegássemos de outro planeta ou falássemos uma língua desconhecida. Damos por nós escolhendo o campo político ou o clube desportivo opostos aos deles; buscamos para nós companhias que eles consideram indesejáveis ou impossíveis; escutamos, em volume alto, a música que eles detestam... Traímos os seus sonhos e expectativas. A vida pessoal aparece como uma traição, quando, na verdade, ela é só a vida.

Deixar a sua terra, abandonar os antigos mestres, alterar a forma de pensar e os seus hábitos... "Vai para a terra que eu te indicar", diz Deus a Abraão (Gn 12,1). "Vem e segue-me", diz Jesus (Mc 10,21). "A vida é uma sucessão de começos", explicava São Gregório Magno. De fato, estamos sempre começando, começando-nos. Mas para isso, não podemos fugir a habitar longamente (e também dolorosamente) uma espécie de fio da navalha: na nossa lealdade, seremos leais ou simplesmente conformistas e submissos?; nas nossas "traições", estaremos realmente traindo ou apenas mudando, vendo melhor, sendo deliberadamente aquilo que somos?; no exercício da independência pessoal, estaremos vivendo a nossa legítima liberdade ou afundando-nos numa ingratidão e num egoísmo em relação aos outros? É importante conservar serenamente essas perguntas e fazer com elas um caminho.

O que se passa com os indivíduos, singularmente tomados, passa-se também com os diversos grupos de pertença em que estamos. E, claro, ocorre também com a amizade. Há comunhões que correm o risco de afundar-se numa deriva narcísica, pois perdem o horizonte do universal. Tenho uma amiga que diz, com sabedoria, que as mães que são apenas mães dos seus filhos não são ainda verdadeiras mães. Ser pai, mãe, irmão, amigo precisa adquirir também uma acepção absoluta. Quem é pai do seu filho está disponível para estender e praticar a paternidade sempre que for necessário, acolhendo, escutando, amparando. Quem é amigo só do seu amigo não torna propriamente o mundo melhor. A amizade não pode confundir-se com uma associação egoísta de interesses, em que tudo começa e acaba no claustrofóbico conforto de uma parceria que não investe na ampliação da capacidade de ser. A verdadeira amizade transfigura e amplia a nossa humanidade, dá-nos competências afetivas, estimula-nos a abrir o círculo, a fazer mais, a ser melhor. A amizade inspira-nos a desmontarmos, inclusive, a lógica da inimizade, como desafia Jesus: "Ouvistes o que foi dito: Amarás o teu próximo e odiarás o teu inimigo. Eu, porém, digo-vos: Amai os vossos inimigos e orai pelos que vos perseguem. Fazendo assim, tornar-vos-eis filhos do vosso Pai que está no céu, pois ele faz com que o Sol se levante sobre os bons e os maus" (Mt 5,43-45). Que perfeição é esta? Eu sei apenas que uma das suas concretizações ocorre em nós da forma mais simples e consiste nisto: não travar o movimento contínuo da vida. Construir mais praças do que paredes; mais mesas do que despensas; abrir, abrir, abrir. Pode até acontecer que esse gesto de abertura seja denunciado como traição dos interesses do grupo. Mas, para sermos fiéis ao núcleo mais fundo de autencidade, temos de interrogar-nos constantemente: "O que é trair?". Não esqueçamos o que ensina Kierkegaard: a única traição é não ter querido nada, profunda e autenticamente.

Aceitar a vulnerabilidade de Deus

Muitas vezes, sentimos que Deus nos trai. Esperávamos isto e aquilo, rogamos, prometemos e as nossas mãos enchem-se sucessivamente de um silêncio que não conseguimos ler. É verdade que a Sagrada Escritura testemunha: "Mesmo que sejamos infiéis, Deus permanecer-nos-á fiel, pois não pode negar-se a si mesmo" (2Tm 2,13). Mas nem sempre conseguimos abraçar com esperança os seus silêncios.

A religiosidade natural do homem remete-o para o divino através da necessidade: o homem precisa de um Deus que lhe seja útil, que tenha poder no mundo, que o proteja. Rapidamente, Deus torna-se um ídolo, que serve para garantir-nos um funcionamento favorável do grande sistema do mundo. Contrariamente, a Bíblia encaminha-nos para a revelação de um Deus pessoal, e o faz de um modo cada vez mais surpreendente (por vezes, até escandalosamente surpreendente). Por exemplo, o Deus que Jesus Cristo nos anuncia ajuda-nos não por um entendimento mágico ou providencialista da sua onipotência, mas pela sua paternidade, pelo dom do seu amor. Quando o irmão mais velho, na parábola do filho pródigo, censura o pai por nunca lhe haver dado um cabrito para festejar com os seus amigos (cf. Lc 15,29), o pai explica-lhe o que nos explica também a nós: "Filho, tu estás sempre comigo, e tudo o que é meu é teu" (Lc 15,31). O grande desafio da espiritualidade cristã inscreve-se precisamente nesta virada de atitude, nesta conversão: mais do que aquilo que Deus nos dá temos de aprender a valorizar a profundidade e a intensidade da sua presença: "Tu estás sempre comigo, e tudo o que é meu é teu". Tudo se joga numa relação gratuita, e não num vaivém interesseiro. Esta é a diferença decisiva em relação ao quadro tradicional do fenômeno religioso.

A própria visão cristã de Deus como que nos apresenta um Deus inútil, um Deus revelado no extremo do abandono e da fragilidade do seu Messias. Os que assistem à crucifixão de Jesus, dizem: "Salvou os outros, e a si mesmo não pode salvar-se. Se é o Rei de Israel, desça agora da cruz, e acreditaremos nele" (Mt 27,42). É essa impotência para "salvar-se a si mesmo" que nos faz mergulhar no mistério divino manifestado em Jesus. Um texto do teólogo Dietrich

Bonhoeffer prolonga essa intuição de forma iluminante: "Não seremos honestos senão reconhecendo que vivemos no mundo, inclusivamente, como se Deus não existisse". É preciso reconhecer diante de Deus que "o Deus que está conosco é o Deus que nos abandona ('Meu Deus, meu Deus, por que me abandonaste?' – Mc 15,34). O Deus que nos faz viver no mundo sem a possibilidade de vermos a Deus é o Deus ante o qual, e no qual, nós estamos constantemente. O Deus cravado na cruz é o Deus impotente e débil no mundo. E precisamente por isso, ele é o Deus que está conosco e nos ajuda". Há uma ligação a Deus que nasce da aceitação da vulnerabilidade em que ele se faz presença na história. Mas só com uma conversão, repito, percebemos isso.

Será que Deus trai a sua amizade para conosco quando parece que não vem ao encontro das nossas expectativas? No seu *Diário*, um dos testamentos espirituais mais inspiradores do século XX, Etty Hillesum escreveu: "Torna-se-me cada vez mais claro o seguinte: que tu, ó Deus, não nos podes ajudar, mas nós é que temos de ajudar-te, e, ajudando-te, ajudamo-nos a nós. [...] Sim, meu Deus, quanto às circunstâncias... é evidente que fazem parte indissolúvel desta vida. Também não te chamo à responsabilidade por isso; tu é que podes mais tarde chamar-nos à responsabilidade. E, a quase cada batida do coração, torna-se-me isto mais nítido: que tu não nos podes ajudar, que nós devemos ajudar-te e que a morada em nós, onde tu resides, tem de ser defendida até às últimas".

Aceitar as nossas lágrimas

Uma coisa é entender, na amizade, a confiança como um abandono mágico à benevolência ou à proteção do outro: esse é um estádio insuficiente, que somos chamados a transcender. Outra, mais adulta espiritualmente, é compreender que a vulnerabilidade integra o dinamismo da própria confiança. A vida é polifônica, é um horizonte de múltiplos trânsitos, muitos deles inacabados e imperfeitos, é um tráfego de encontros e reencontros, de feridas e de reconstruções. As amizades mais fortes são as que aceitam os seus caminhos frágeis, as suas costuras humildes.

A construção da confiança passa, necessariamente, por aprendermos a aceitar as nossas lágrimas. Aí, a figura de São Pedro pode servir-nos de espelho interior. Tal como Judas, também ele traiu Jesus. E tal como Judas também se arrependeu. Mas a Judas faltou confiar no perdão e na misericórdia, faltou-lhe colocar as suas lágrimas diante do olhar de Jesus. Muitas vezes, na amizade, é só isso que nos falta. Recordemos a página do Evangelho de São Lucas: "Apoderando-se, então, de Jesus, levaram-no e introduziram-no em casa do Sumo Sacerdote. Pedro seguia de longe. Tendo acendido uma fogueira no meio do pátio, sentaram-se e Pedro sentou-se no meio deles. Ora, uma criada, ao vê-lo sentado ao lume, fitando-o, disse: 'Este também estava com ele'. Mas Pedro negou-o, dizendo: 'Não o conheço, mulher'. Pouco depois, disse outro, ao vê-lo: 'Tu também és dos tais'. Mas Pedro disse: 'Homem, não sou'. Cerca de uma hora mais tarde, um outro afirmou com insistência: 'Com certeza este estava com ele; além disso, é galileu'. Pedro respondeu: 'Homem, não sei o que dizes'. E, no mesmo instante, enquanto ainda falava, um galo cantou. Voltando-se, o Senhor fixou os olhos em Pedro; e Pedro recordou-se da palavra do Senhor, quando lhe disse: 'Hoje, antes de o galo cantar, irás negar-me três vezes'. E, vindo para fora, chorou amargamente" (Lc 22,54-62). A palavra-chave que alavanca a mudança no coração de Pedro é a recordação da Palavra do Senhor. Recordar é efetuar um movimento interno, de grande alcance simbólico. Recordar é viajar dentro de si. É voltar à reciprocidade, recolocar-se diante do rosto, acordar de novo o fundo adormecido de uma amizade essencial. Voltar à Palavra de Jesus foi, para Pedro, um autêntico voltar a Jesus e a si mesmo. Ensinava Isaac de Nínive: "Bem-aventurado o homem que conhece a sua própria fraqueza. Bem-aventurado aquele que diz: eu sou um infeliz, um miserável, um pobre, um cego, um mudo. Pois aquele que conhece os seus pecados é maior do que aquele que ressuscita mortos pela oração. Aquele que chora uma hora sobre os seus pecados é maior do que aquele que está ao serviço do mundo inteiro. Aquele que foi julgado digno de se ver na sua verdade é maior do que aquele a quem foi concedido ver os anjos".

Recordo a comovente pintura de El Greco sobre o pranto de Pedro, um tema que era praticamente inexistente na iconografia cristã até ao século XVI, e que o pintor ajudou a popularizar. Nessa representação, o elemento principal que capta a nossa atenção é a face humaníssima do Apóstolo arrependido. Pedro eleva o seu olhar simplesmente, um olhar despojado e pobre como uma prece, um olhar que expõe a fragilidade sem nenhum disfarce ou desculpabilização, um olhar que finalmente aceita chorar todas as suas lágrimas. Mas, à esquerda do espaço onde Pedro está colocado, em pano de fundo, El Greco colocou duas pequenas figuras, com traços que evocam a luz de um amanhecer. Quem são essas duas figuras quase invisíveis, mas tão importantes para a leitura teológica da cena? Uma delas é Maria Madalena que caminha para o sepulcro, com um vaso de perfume; a outra é o anjo de vestes resplandecentes encarregado de anunciar a ressurreição. Percebemos então que se trata da manhã de Páscoa. Madalena está naquele quadro porque tem em comum com Pedro (e conosco) uma história de traição e de conversão. Ela é a pecadora que se torna discípula de Jesus e que vem a ser a primeira testemunha pascal. Pedro e Madalena ajudam-nos a ver que, na história da nossa amizade com Jesus, na história das nossas amizades, o obstáculo propriamente dito não é a traição. Ela pode, inclusive, ser um modo violento de despertarmos e constituir assim a oportunidade para que uma graça maior refaça o nosso coração. Obstáculo é persistirmos na banalidade e no mero formalismo, fazermos de conta, nunca passarmos da porta para dentro, vivermos tudo à superfície, sermos nem quentes nem frios, fugirmos a qualquer compromisso mais empenhativo, fugirmos continuamente de nós próprios, preferirmos o simulacro à dolorosa (e jubilosa!) autenticidade. Escreve André Louf: "A santidade não se encontra num lugar diferente da fraqueza ou da tentação, mas no interior mesmo dessa fraqueza e dessa tentação. Ela não está à nossa espera só quando ultrapassarmos a nossa fraqueza, mas no momento mesmo em que somos fracos, então é que estamos perto da santidade".

Aprendemos melhor a superar a traição no caminho da amizade quando trabalhamos com afinco para não nos trairmos a nós próprios. São de um grande realismo as palavras iniciais de Arno Gruen, na sua obra *A traição do eu. O medo da autonomia no homem e na mulher*: "O desenvolvimento humano oferece duas alternativas, a do amor e a do poder. A via do poder, que é subjacente à maior parte das culturas, conduz a um eu que reflete a ideologia da dominação. Um eu desses assenta num estado de fragmentação, mais concretamente naquela cisão no eu que recusa o sofrimento e o desamparo como sinais de fraqueza e, ao mesmo tempo, põe em relevo o poder e a dominação como meios de negar o desamparo. A obtenção do que na nossa civilização passa por sucesso pressupõe um eu assim constituído. Tal situação representa a antítese da autonomia". Nós diríamos que representa também a antítese da amizade.

Ladrões felizes no paraíso

Estou me lembrando de dois filmes sobre a amizade. Têm narrativas muito diferentes, um é quase um conto de fadas, o outro é praticamente um documentário histórico, mas ambos se erguem à condição de parábolas. Não se contam apenas a si próprios, contam-nos, expressam o que a nossa vida é ou pode ser.

O primeiro é *E.T. – O extraterrestre*, a película que Steven Spielberg apresentou em 1982. Conta a história de um alienígena que se perde nos espaços siderais e se torna amigo de um terrestre, o pequeno Elliot. Elliot acolhe o E.T. em sua casa e, pouco a pouco, aprende a descobrir o companheiro, sensível e bem-humorado, que se esconde atrás de uma cara bastante esquisita. Como todos os amigos, aprendem ambos a rir das pequenas travessuras, têm coisas só deles, ajudam-se. Quando o E.T. se assusta com um guarda-chuva, Elliott estremece, derrubando toda a comida do frigorífico. Quando Mary lê o *Peter Pan* para Gertie, Elliott e o E.T. escutam a história escondidos no armário. Quando Elliott corta o dedo por descuido, é o E.T. quem o cura, usando para isso o seu próprio dedo iluminado. A cena final encena um milagre como aqueles que a amizade é capaz de acender. Todos os caminhos humanos possíveis ficam bloqueados e, de repente, parece que não há maneira de salvar o E.T. das mãos dos perseguidores. É então que a bicicleta de Elliot inesperadamente começa a erguer-se no espaço, como um cometa em viagem. "Eu estarei sempre aqui", diz ainda o E.T., apontando para o coração do Elliot. Como muitas das histórias para crianças, o filme pretende pôr-nos, a nós adultos, a pensar.

O outro é o filme de Xavier Beauvois, *Dos homens e dos Deuses* (2010), que ajudou a divulgar junto do grande público a história dos sete monges trapistas do Mosteiro de Nossa Senhora do Monte Atlas, na pequenina povoação de Tibhirine, na Argélia. O testemunho que esses monges cristãos oferecem é o da amizade: amizade à comunidade muçulmana que rodeava o mosteiro e amizade ao futuro de Deus. Eles foram sequestrados e posteriormente assassinados, no ano de 1996. Mas a verdade é que a vida deles estava há muito oferecida.

Christian de Chergé, francês, de 59 anos de idade, era o prior da comunidade. Provinha de uma família de militares, conhecera a Argélia, primeiramente, na sua infância e, depois, durante os 27 meses em que cumpriu serviço militar, em plena guerra da independência. Ocorre aí um fato que marcaria o seu itinerário seguinte: a sua vida é salva em combate por um amigo muçulmano. Em 1971, ele havia de regressar àquele país, mas como monge. E é ele quem escreve, em nome pessoal, o impressionante "testamento" daquela pequena e profética comunidade.

> Se algum dia me acontecesse – e isso poderia acontecer hoje – ser vítima do terrorismo que parece querer abarcar agora todos os estrangeiros que vivem na Argélia, eu gostaria que a minha comunidade, a minha Igreja, a minha família se lembrassem de que a minha vida estava ENTRE-

GUE a Deus e a este país. Que eles soubessem que o Único Mestre de toda a vida não me abandonaria nesta brutal partida. [...]

Eu não desejo este tipo de morte. Parece-me importante dizer isso. Não vejo, de fato, como poderia me alegrar com o fato de que esse povo que amo seja indiscriminadamente acusado por meu assassinato. [...]

A Argélia e o Islão para mim são outra coisa, são um corpo e uma alma. Disse isto com frequência suficiente, creio eu, no pleno conhecimento de que eu recebi, encontrando lá tantas vezes esse fio condutor do Evangelho aprendido no colo da minha mãe, minha primeira Igreja, precisamente na Argélia. [...]

Por essa minha vida perdida, totalmente minha e totalmente dele, dou graças a Deus que parece tê-la querido inteiramente para a alegria, apesar de tudo. Neste "obrigado", em que tudo está dito, agora, da minha vida, eu certamente incluo os amigos de ontem e de hoje, e vocês, meus amigos daqui, do lado da minha mãe e do lado do meu pai, de minhas irmãs e meus irmãos e dos seus, o cêntuplo dado como foi prometido! E a ti também, meu amigo do último instante, que não sabias o que estavas fazendo. Sim, também para ti eu quero esse "obrigado", e esse "A-Deus" cara a cara. E que possamos nos encontrar, ladrões felizes, no Paraíso...

20

A solidão e o silêncio

A solidão que dói é a involuntária, determinada a maior parte das vezes por uma incomunicabilidade afetiva. Não temos a quem contar a vida, a quem confiar um segredo. Não acolhemos a narrativa de ninguém. Ser só é diferente de estar sozinho. Todos somos sós, mas ficar sozinho é a consumação, ainda que temporária, de um corte. Passamos a viver numa bolha insonorizada, cada vez mais isolados. O peso da vida, pode-se dizer, soterra-nos. Tudo nos parece estranhamente igual e sem valor. Parece que deixou de existir no mundo coisa alguma que se imponha a nós; e convencemo-nos de que não necessitamos de nada que nos possam oferecer. Como se tivéssemos entrado num plano inclinado, mesmo os hábitos mínimos que sinalizavam alguma esperança – cumprimentar um vizinho ou um desconhecido, atravessar o jardim... – custam-nos cada vez mais e contamos fazê-los desaparecer. A esse estado subjaz, é claro, uma inquietude desmedida. Escreve Ionesco, num dos seus romances: "Durante dias e dias andava num vaivém, da porta para a janela, da janela para a porta, sem poder parar. Não era angústia, era tédio, um tédio material, um tédio físico, nem mexer-me, nem ficar sentado ou de pé. Tudo representava sofrimento, tudo era gangrena da alma... Não conseguia suportar a solidão".

É curioso o comentário que o escritor Paul Auster faz do livro bíblico de Jonas. Segundo ele, aquele livrinho breve, o único escrito na terceira pessoa, como se o "eu" se tivesse perdido de si mesmo, "é a mais dramática história de solidão de toda a Bíblia". Jonas mergulhou no negrume da solidão: primeiro no ventre do navio, quando fugia de Deus, depois no ventre da baleia, quando fugia de si. "As águas cercaram-me até ao pescoço, o abismo envolveu-me; as algas pegavam-se à minha cabeça; desci até às raízes das montanhas, até à terra cujos ferrolhos eternos se fecharam" (Jn 2,6-7). Mas ainda assim a solidão de Jonas não foi absoluta. Ele voltou-se para Deus como quem se vira para um amigo: "Na minha aflição, invoquei o Senhor, e ele ouviu-me. Clamei a vós da morada dos mortos e vós ouvistes a minha voz" (Jn 2,3). A história de Jonas mostra como a amizade é a solidão derrotada.

Espaço para a queda e espaço para o passo

A solidão tem um sentido ambivalente. Tanto pode nomear uma experiência de labirinto, de humilhação e ausência extrema como constituir o *habitat* buscado para um encontro mais profundo consigo mesmo, com os outros, com Deus. A solidão não é ela também uma porta? Não se revela, às vezes, no mais silencioso isolamento, uma visão inesperada? São João da Cruz usa, num poema, a categoria de "solidão sonora": "A noite sossegada, / Quase aos levantes do raiar da aurora; / A música calada, / A solidão sonora, / A ceia que recreia e que enamora". A solidão revela a forma da noite como um ouvido, a noite como uma prática de escuta, e segreda-nos que a solidão é tátil, permite-nos aceder a uma presença "que enamora". O próprio místico explica: "Esta é a solidão sonora que a alma conhece aqui, como explicamos, e que consiste no testemunho de Deus, dado por todas as coisas em si mesmas. E porquanto a alma não percebe esta música sonora sem a solidão e o alheamento de todas essas coisas exteriores, dá-lhe o nome de música calada e solidão sonora, que, para ela, é o próprio Amado". A solidão pode ser, por isso, espaço para a queda ou espaço para o passo.

Uma espécie de pedagogia do silêncio

A percepção espiritual do silêncio, que a Bíblia propõe, é predominantemente em chave positiva. O profeta Elias percebe a presença de Deus não no estrondo do furacão, de audição imediata, mas no murmúrio levíssimo e silencioso de uma brisa (cf. 1Rs 19,11-12) para a qual é necessário apurar o ouvido. Ao desafio de Deus, "pede-me o que tu quiseres" (1Rs 3,5), Salomão responde: "Dá-me, Senhor, um coração que escuta" (1Rs 3,9). Os livros sapienciais constroem, pelo silêncio, um caminho para a mistagogia (entrada progressiva no mistério). Quem lê o livro do Eclesiastes aprende o silêncio como prudência: "Há um tempo para falar e um tempo para calar" (Ecl 3,7). "Não te apresses a falar" (Ecl 5,1), aconselha-se em outra passagem. Na mesma linha o livro dos Provérbios: "O falador não evita o pecado; o que modera os seus lábios é um homem prudente" (Prov 10,19). O próprio Jó cala-se, por fim, diante de Deus: "Jó respondeu ao Senhor, dizendo: 'Falei levianamente. Que poderei responder-te? Ponho a minha mão sobre a boca; falei uma vez, oxalá não tivesse falado; não vou falar segunda vez, nem acrescentarei mais nada'" (Jó 40,4-5).

O silêncio de Jesus começa com a chamada "vida oculta", aquela que precede a sua atividade messiânica; é claro na itinerância de Jesus por desertos e solidões; e concentra-se especialmente no teatro da sua paixão. Jesus atravessa em silêncio o complexo processo judiciário que o condena, a ponto de os primeiros textos cristãos estabelecerem um paralelo com a personagem do Justo sofredor de Isaías: "Foi maltratado, mas humilhou-se e não abriu a boca, como um cordeiro que é levado ao matadouro, ou como uma ovelha emudecida nas mãos do tosquiador" (Is 53,7). Jesus cala-se diante do Sumo Sacerdote que o interroga (cf. Mt 26,62-63); diante de Herodes (cf. Lc 23,9) e finalmente diante de Pilatos (cf. Jo 19,9). Este é o silêncio da vítima. Mas é também o silêncio do abandono confiado, para lá de todas as evidências, contra toda a esperança. É assim que uma vida de Deus se tece em nós.

O silêncio na tradição cristã

Dentre os Padres da Igreja, destaca-se o tratamento que Gregório de Nazianzo († 390) faz do silêncio. Para ele, o silêncio é superior ao deserto e ao jejum: "Tu procuras o deserto e o jejum, eu o silêncio". Mais do que uma ascese, o silêncio é um dom que urge pedir e acolher. Num hino para o dia de Páscoa, pondo fim ao silêncio absoluto que se tinha imposto durante a Quaresma, ele canta: "Hoje faço ouvir a minha voz; abro os meus lábios que o silêncio tinha fechado e tu encontras em mim uma cítara preparada para soar". O silêncio prepara-nos para a música que sem ele não se desprende. Pseudo-Dionísio, teólogo e filósofo neoplatônico, em finais do século V, inícios do VI, desenvolverá a dimensão mística do silêncio. Escutemo-lo: "Ousamos negar tudo a respeito de Deus para chegarmos a esse sublime desconhecimento que nos é encoberto por aquilo que conhecemos sobre o restante dos seres, para contemplar essa escuridão sobrenatural que está oculta ao nosso olhar pela luz". Ou então: "Ó Trindade..., tu que presides à divina sabedoria cristã, conduz-nos não somente para além de toda luz, mas para além do desconhecimento, até o mais alto cimo das Escrituras místicas, onde os mistérios simples, absolutos e incorruptíveis da divindade se revelam nas Trevas mais que luminosas do Silêncio. É no silêncio, com efeito, que se aprendem os segredos destas Trevas... que brilha com luz mais luminosa no seio da mais negra obscuridade...".

Podemos dizer que o fio do silêncio é inquebrável, mesmo se hoje ele nos parece inaudível. Entre os Padres Latinos, São Jerônimo atreve-se a dizer que se reconhece o monge pelo seu silêncio, não pela sua palavra. Para Ambrósio, o silêncio é indispensável, se quisermos "guardar o segredo do Rei Eterno". Agostinho dizia que a verdadeira oração é a do coração, no silêncio. Temos, nas *Confissões*, um passo verdadeiramente extraordinário, o êxtase de Óstia, que ocorre na companhia de Mônica, sua mãe. É uma subida de ordem mística que impõe silêncio, sucessivamente à carne, à terra e aos céus, à própria alma para escutar o Verbo de Deus para lá das palavras (IX, 10,23-24):

> Estando já próximo o dia em que teria de partir desta vida – que tu, Senhor, conhecias, e nós ignorávamos – sucedeu, creio, por disposição de teus ocultos desígnios – que nos encontrássemos sós, eu e ela, apoiados em uma janela que dava para o jardim interior da casa em que morávamos. Era em Óstia, sobre a foz do Tibre, onde, longe da multidão, depois do cansaço de uma longa viagem, recobrávamos forças para a travessia do mar.

> Ali, sozinhos, conversávamos com grande doçura, esquecendo o passado, ocupados apenas no futuro, indagávamos juntos, na presença da Verdade, que és tu, qual seria a vida eterna dos santos, que nem os olhos viram, nem os ouvidos ouviram, nem o coração do homem pode conceber. Abríamos ansiosos os lábios de nosso coração ao jorro celeste de tua fonte – da fonte da vida que está em ti – para que, banhados por ela, pudéssemos de algum modo meditar sobre coisa tão transcendente. Nossa conversa chegou à conclusão que nenhum prazer dos sentidos carnais, por maior que seja, e por mais brilhante e maior que seja a luz material que o cerca, não parece digno de ser comparado à felicidade daquela vida em ti. Elevando nosso sentimento para mais alto, mais ardentemente em direção ao próprio Ser, percorremos uma a uma todas as coisas corporais, até o próprio céu, de onde o Sol, a Lua e as estrelas iluminam a terra.

> E subimos ainda mais em espírito, meditando, celebrando e admirando tuas obras, e chegamos até o íntimo de nossas almas. E fomos além delas...E enquanto assim falávamos

dessa Sabedoria e por ela suspirávamos, chegamos a tocá-la momentaneamente com supremo ímpeto de nosso coração; e, suspirando, deixando ali atadas as primícias de nosso espírito, voltamos ao ruído vazio de nossos lábios, onde nasce e morre a palavra humana, em nada semelhante a teu Verbo, Senhor nosso.

A escola do silêncio

A vida monástica faz do silêncio uma condição da existência e um acompanhamento necessário para a via espiritual. "Quem não se faz solitário não pode ser silencioso; quem não se faz silencioso não pode entender Aquele que fala. Que a terra da minha alma se cale na vossa presença, Senhor, a fim de que eu entenda o que diz em mim o Senhor meu Deus. Pois as palavras que murmurais não podem ser entendidas senão num profundo silêncio" – refere a tradição Cartuxa. E isso vale para o conhecimento de si, dos outros e de Deus.

Os Padres do Deserto tornaram o silêncio uma cultura. Cultura religiosa e orante – Evágrio testemunhava o silêncio como oração: "Que a tua língua não pronuncie nenhuma palavra quando te colocas em oração". Cultura de maturação do sujeito – o conselho de Arsênio era este: "Foge. Cala-te. Permanece no recolhimento". Cultura do mundo – Poemen garantia: "Se fores realmente silencioso, em qualquer lugar onde estiveres encontrarás repouso". Cultura do estar – Agaton guardou por três anos pedras na sua boca, não para tornar-se um orador como Demóstenes, mas para aprender a calar-se. Cultura da hospitalidade – Pambo, por exemplo, recebeu sem pronunciar uma única palavra o patriarca Teófilo. E depois explicou: "Se ele não for acolhido pelo meu silêncio, não o será certamente pela minha palavra".

Do mesmo modo a mística renana, com Mestre Eckhart, e toda a mística posterior, até hoje, ensina em muitos sentidos o silêncio como sentido. Eckhart manda-nos procurar mestres para aprender o silêncio, mandato que podemos tomar, individual ou comunitariamente: "Uma pessoa que dominou a sua vida vale mais do que mil pessoas que dominaram somente o conteúdo de livros. Ninguém pode conseguir nada na vida sem Deus. Se estivesse à procura de um mestre para aprender, deveria ir a Paris ou frequentar as faculdades onde se fazem os mais altos estudos. Mas se estiver interessado na perfeição da vida, eles de nada me poderão informar. Aonde deverei ir então? A alguém que tenha uma natureza pura e livre e a nenhum outro lugar: nele eu encontrarei resposta para aquilo que tão ansiosamente estou buscando. A perfeição depende somente do acolher a pobreza, a miséria, as durezas, os desapontamentos e tudo o que couber no decurso de uma vida, livremente, avidamente até a morte, como se a pessoa estivesse preparada para tal. Em silêncio, sem perguntar por quê".

Quem sabe usar o silêncio sabe usar o tempo

O filósofo Blaise Pascal dizia que toda a infelicidade humana provém de uma única coisa: não sabermos estar quietos num lugar. Mas não foi apenas a quietude que se tornou, hoje em dia, uma virtude fora de moda. Nós próprios nos tornamos uma espécie de "doentes de tempo". Parece que temos de viver sete vidas num dia só, ofegantes, ansiosos, desencontrados e meio insones. Um desenvolvimento sereno do tempo não nos basta. Desde os horários dilatados de trabalho às solicitações para uma comunicação praticamente ininterrupta, entramos num ciclo sôfrego de atenção, atividade e consumo. "Apressa-te, apressa-te" é o comando de uma voz que nos aprisiona e cujo rosto não vemos. "Apressa-te para quê?" Talvez, se tivéssemos de explicar as razões profundas dos nossos tráfegos vertiginosos nem saberíamos dizer. E também disso, desse vazio de respostas preferimos fugir.

Quem nos rouba o tempo? Um investigador social americano, Alec Mackenzie, divertiu-se construindo uma lista de "ladrões de tempo" e chegou à conclusão de que os mais perigosos são os interiores, os que nós próprios incorporamos. É claro que há uma quantidade impressionante de "ladrões exteriores": o modo leviano como nos interrompemos uns aos outros com trivialidades; os telefonemas que chovem e se prolongam por coisa nenhuma; os compromissos e obrigações sociais de mero artificialismo; as reuniões sem uma agenda preparada em vista de objetivos... Mas os "ladrões" mais devastadores são os que atuam por dentro quando, por exemplo, as nossas próprias prioridades aparecem confusas e flutuantes; quando somos incapazes de traçar um plano diário ou mensal e ser fiel a ele; quando as responsabilidades estão mal repartidas e se resiste a delegar; quando não conseguimos dizer um não, com simplicidade; quando nos deixamos envolver numa avalanche de ativismo e desordem ou nos acomete o problema contrário: um perfeccionismo idealizado que nos deixa paralisados.

A conquista de um ritmo humano para a vida não acontece de repente, nem avança com receitas de quatro tostões. Também aqui estamos perante um caminho de transformação que cada um tem de fazer e nos pede verdade, aprendizagem e renúncia. A primeira renúncia é a da obsessão pela onipotência. Temos de ter a coragem de perceber e aceitar os limites, pedir ajuda mais vezes, e dizer "basta por hoje", sem o sentimento de culpa a martelar. A insegurança provocada pela velocidade com que tudo acontece leva-nos a ter medo de apagar a luz ou de arrumar os papéis para continuar amanhã. Precisamos, por outro lado, aprender a planificar com sabedoria o dia a dia, hierarquizando as atividades e concentrando melhor a nossa entrega. Precisamos aprender a racionalizar e a simplificar, sobretudo as tarefas que se podem prever ou se repetem. E ganhar assim tempo para redescobrir aqueles prazeres simples que só a lentidão e o silêncio nos fazem aceder. São tão belos certos instantes de recolhimento e de pausa em que o nosso olhar ou o nosso passo se deslocam por nada, sem um motivo específico, numa gratuidade que apenas cintila, reacendida!

Os amigos são mestres do silêncio

O silêncio é um instrumento da amizade. Ao que parece, durante anos, o compositor John Cage sondou a possibilidade de uma obra sem sons, mas duas coisas o impediam: a dúvida se uma tarefa assim não estaria, desde logo, votada ao fracasso, porque tudo é som; e a convicção de que uma composição tal seria incompreensível no espaço mental da cultura do Ocidente. Foi, contudo, encorajado pelas experiências que se realizavam nas artes visuais, muito em particular pelo trabalho de um grande amigo, o pintor Robert Rauschenberg. Sobretudo as suas pinturas da série branco-sobre-branco deixaram-no fascinado. Assim, em agosto de 1952, estreia a sua peça *4'33"*. A proposta de John Cage, interpretada ali pelo pianista Davi Tudor, era completamente insólita: os músicos deviam subir ao palco, saudar o público, sentar-se junto ao instrumento e permanecer, em silêncio, por quatro minutos e trinta e três segundos, até que, de novo, se levantassem, agradecessem à plateia e saíssem. Na assistência instalou-se a polêmica e choveram as vaias. Mas ao longo de toda a sua vida, John Cage referiu-se a essa peça com sentida reverência: "A minha peça mais importante é essa silenciosa; não passa um só dia que não me sirva dela para a minha vida e para tudo o que faço. Recordo-a sempre que tenho de escrever uma nova peça".

21

Despedimo-nos uns dos outros muitas vezes

A despedida talvez seja a parte mais difícil da amizade. Não se pode dizer muita coisa. Acho que aprendemos devagar, por vezes com muito custo, por vezes mais serenamente, e ambas as coisas estão certas. Aprendi alguma coisa sobre a arte da despedida com o poeta italiano Tonino Guerra e a sua mulher. Parece que é uma tradição russa (ou pelo menos, eles explicavam-na assim). Antes de partir, ficávamos junto uns dos outros, por uns instantes, em puro silêncio. E depois nos despedíamos de um modo leve, quase alegre, como se não nos fôssemos realmente nos ausentar. Aqueles instantes de silêncio, porém, tinham atado os nossos corações com uma força que raras palavras teriam. Quando nas despedidas da vida nos parece que ficou, inevitavelmente, alguma coisa ou quase tudo por dizer, é bom pensar naquilo que o silêncio disse, ao longo do tempo, de coração a coração. Talvez o que de mais significativo somos capazes de partilhar não encontra, no mundo, linguagem melhor do que o silêncio.

Mesmo quando achamos que não nos despedimos, a verdade é que, no fundo, despedimo-nos muitas vezes. E isso é maravilhoso. A vida deu-nos isso. Ter visto uns aos outros partir e regressar, dizer adeus e olá com a certeza de que nada se interrompe, voltar a ouvir mil vezes a voz dos que amamos, prolongando assim o extraordinário, o interminável encontro.

A dor da separação

A dor da separação é maior do que qualquer palavra, mas as palavras como que nos seguram enquanto certas despedidas desprendem o seu vazio lentíssimo. São o frágil corrimão de corda que nos ampara, quando parece que a terra toda se desprende.

Uma das mais belas elegias da amizade, em que todo o drama da perda vem explicitado, é aquela que Davi, rei e poeta, dedica a Jônatas (2Sm 1,19-20.25-26):

> A flor de Israel pereceu sobre os teus altos!
> Como tombaram os heróis!
> Não o conteis em Gat,
>   nem o torneis público nas ruas de Ascalon,
>   para que não se regozijem as filhas dos filisteus,
>   nem saltem de alegria as filhas dos incircuncisos! [...]

Como tombaram os heróis no campo de combate!
Jônatas foi morto sobre as tuas colinas!
Jônatas, meu irmão,
meu coração quebra-se por ti!

Da dor da separação falam também as lágrimas de Jesus perante o túmulo do amigo morto: "Quando Maria chegou ao lugar onde estava Jesus, mal o viu caiu-lhe aos pés e disse-lhe: 'Senhor, se tivesses estado aqui, o meu irmão não teria morrido'. Ao vê-la chorar e os judeus que a acompanhavam a chorar também, Jesus comoveu-se profundamente e perturbou-se. Depois, perguntou: 'Onde o pusestes?' Responderam-lhe: 'Senhor, vem e verás'. Então Jesus começou a chorar. Diziam os judeus: 'Vede como era seu amigo!'" (Jo 11,32-36).

São Gregório Nazianzeno e São Basílio nasceram no mesmo ano de 330. Conheceram-se ainda na adolescência em Cesareia da Capadócia, mas foi em Atenas, como companheiros de estudo, que se tornaram amigos. "Como a corrente de um rio partindo de uma fonte única... assim Basílio e eu", escreverá mais tarde Gregório, evocando aqueles anos. Tinham temperamentos muito diferentes: Basílio possuía uma personalidade forte e enérgica, enquanto Gregório era de ânimo poético, mais propenso à contemplação. Mas, mesmo em momentos de grande tensão entre eles, o afeto mútuo nunca vacilou. Basílio morreu em janeiro de 379, com apenas quarenta e nove anos de idade. Coube a São Gregório fazer a homilia na missa de despedida. É um inesquecível testemunho de amizade: "Partilhando o mesmo teto, a mesma mesa, a mesma vida, o mesmo horizonte, unificávamos cada dia o nosso comum desejo com mais calor e mais força. Se havia luta entre nós, não era para obter o primeiro lugar, mas para encontrar o modo de cada um cedê-lo ao outro. Porque cada um considerava o êxito obtido pelo outro como sendo seu. Nós teríamos acreditado que partilhávamos ambos uma só alma, responsável por dois corpos".

Os amigos tornam-nos herdeiros

Alguns amigos tornam-nos herdeiros de um lugar, outros de uma morada, outros de uma razão pela qual viver. Certos amigos deixam-nos o mapa depois da viagem, ou o barco em qualquer enseada, oculto ainda na folhagem, ou o azul desamparado e irresistível que lhes serviu de motivo para a demanda. Há amigos que nos iniciam na decifração do fogo, na escuta dos silêncios da terra, no entendimento de nós próprios. Há amigos que nos conduzem ao centro de bosques, à geografia de cidades, ao segredo que ilumina a penumbra do templo, à bondade de Deus.

Pelos amigos descobrimos a vastidão de um mundo interior, intato e errante como uma paisagem do fundo dos mares, e, desse modo também, primordial e delicado, escondido e sublime. Dos amigos recebemos o socorro, quando nos faltam palavras (ou outra coisa que não sabemos bem, mas que talvez nem sejam palavras) para medir em nós a altura da alegria ou da dor. O olhar deles é uma dádiva confiada à vida; é alento, sopro, energia pura; e tem para nós um inesgotável poder reparador.

Os amigos sustentam conosco, e a nosso lado, o duro e ligeiríssimo mistério da existência. Mesmo quando os dias empalidecem ou se estilhaçam, a amizade tem a capacidade de religar, a partir do fundo, as pontas decepadas e dispersas, os opostos indizíveis da alma: a noite e o dia, a dor e o riso, a ação e a contemplação, a vida e a morte.

Porventura o mais fecundo a perguntar, quando os nossos amigos morrem, não é: "Por que é que eles partiram?". O que levaremos o resto da vida para responder, sempre em total gratidão, é antes: "Por que é que eles vieram?".

Bibliografia

AELRED DE RIEVAULX. *L'Amitié Spirituelle*. Bégrolles-en-Mauges: Abbaye de Bellefontaine, 1994.
AGOSTINHO DE HIPONA. *Confissões*. Lisboa: IN-CM, 2001.
ALLAN DAVI BLOOM. *Love and Friendship*. New York: Simon & Schuster, 2000.
ANDRÉ FEUILLET. *Le Mystère de l'Amour Divin dans la Théologie Johannique*. Paris: Gabalda, 1972.
ARISTÓTELES. Ética a *Nicómaco*. Lisboa: Quetzal, 2004.
ARNO GRUEN. *A traição do Eu. O medo da Autonomia no Homem e na Mulher*. Lisboa: Assírio & Alvim, 1996.
BENITO MARCONCINI. *Gli Amici di Dio. Nelle Più Belle Pagine della Bibbia*. Milano, Paoline, 2007.
CHARLES ANDRÉ BERNARD. *Théologie Affective*. Paris: Cerf, 1984.

CÍCERO. *A Amizade*. Coimbra: IECH, 1993.
CLAIRE BIDART. *L'Amitié, un Lien Social*. Paris: La Découverte, 1997.
CLARICE LISPECTOR. *A Descoberta do Mundo*: Rio de Janeiro: Rocco, 1999.
CLAUDE LÉVI-STRAUSS. *Le Cru et le Cuit*. Paris: Plon, 1964.
DIETRICH BONHOEFFER. *Résistance et Soumission*. Genova: Labor et Fides, 1963.
DIMITRI EL MURR (ed.). *L'amitié*. Paris: Flammarion, 2001.
ERMES RONCHI. *Os Beijos Não Dados. Tu És Beleza*. Prior Velho: Paulinas, 2012.
FRANÇOIS DE SALES. *Introduction à la Vie Dévote*. Paris: Beauchesne, 1923.
FRANÇOISE DOLTO. *Solitude*. Paris: Folio, 1994.
FRIEDRICH NIETZSCHE. *A Gaia Ciência*. Lisboa: Guimarães, 2000.
GEORGE STEINER. *Fragments (un peu roussis)*. Paris: Pierre-Guillaume de Roux, 2012.
GIORGIO AGAMBEN. *L'amico*. Roma: Nottetempo, 2007.
GRÉGOIRE DE NAZIANZE. "Oraison funèbre pour le grand Basile". Discours 42-43, Paris: Cerf, 1983.
JACQUES DERRIDA. *Políticas de Amizade*. Porto: Campo das Letras, 2003.
JEAN-MARIE GUEULLETTE. "L'amitié dans la communauté: les enjeux théologiques d'une histoire complexe". In: *Revue des sciences philosophiques et théologiques*, 2/2003, pp.199-219.
JEAN-MARIE GUEULLETTE. *L'Amitié, une Épiphanie*. Paris: Cerf, 2004.
JOHN T. FITZGERALD (ed.). *Friendship, Flattery and Frankness of Speech: Studies on Friendship in the New Testament World*. Leiden, New York: E.J. Brill, 1996.
JOSÉ MARIA ZAMORA CALVO (ed.). *La Amistad en la Filosofía Antigua*. Madrid: Universidad Autónoma de Madrid, 2009.
LIZ CARMICHAEL. *Friendship: Interpreting Christian Love*. London, New York: T. and T. Clark, 2006.

LYTTA BASSET. *La Joie Imprenable*. Genova: Labor et Fides, 1996.
MARCO GARZONIO. *Lazzaro: L'Amicizia nella Bibbia*. Milano: Paoline, 1994.
MARTIN BUBER. *Eu e Tu*. São Paulo: Centauro, 2001.
MASSIMO BALDINI. *L'amicizia Secondo i Santi e i Mistici*. Brescia: Queriniana, 1998.
MATTEO RICCI. *Dell'amicizia*. Macerata: Quodlibet, 2005.
MAURICE BLANCHOT. *L'Amitié*. Paris: Gallimard, 1971.
MAURICE GODELIER. *L'Énigme du Don*. Paris: Fayard, 1996.
MICHEL DE CERTEAU. *La Faiblesse de Croire*. Paris: Seuil, 1987.
MONTAIGNE. *Da Amizade e Outros Ensaios*. Lisboa: Biblioteca da Editores Independentes, 2009.
OSCAR WILDE. *The Devoted Friend in The Happy Prince and Other Tales*. London: D. Nutt, 1910.
PAUL AUSTER. *The Invention of Solitude*. New York: Penguin, 1983.
PLATÃO. *O Banquete*. Lisboa: Guimarães, 2002.
RAÏSSA MARITAIN. *Les Grandes Amitiés*. Paris: Desclée de Brouwer, 1949.
RAMON LLULL. *O Livro do Amigo e do Amado*. Lisboa: Cotovia, 1990.
RENÉ COSTE. *L'Amitié avec Jésus*. Paris: Cerf, 2012.
ROLAND BARTHES. *Mitologias*. Lisboa: Edições 70, 2012.
SÊNECA. *Cartas a Lucílio*. Lisboa: Fundação Calouste Gulbenkian, 1991.
SIMON LÉGASSE. "L'étendue de l'amour interhumain d'après le Nouveau Testament: limites et promesses". In: *Revue théologique de Louvain*, 8/(1977) pp. 137-159; pp. 293-304.
SIMONE WEIL. *A Espera de Deus*. Lisboa: Assírio & Alvim, 2005.
TIMOTHY RADCLIFFE. *Je vous Appelle Amis*. Paris: Cerf-La Croix, 2000.
VIRGILIO PASQUETTO. *Il "Volto amico" di Dio Disegnato dalla Bibbia*. Vaticano: Libreria Editrice Vaticana, 2010.
VV.AA. *L'Avventura dell'amicizia*. Bose: Qiqajon, 2007.

Sumário

Apresentação 7

Umbral 11

1 E se falássemos de amizade em vez de amor? 13
A diferença entre o amor e a amizade 15
O elogio da amizade na construção
do caminho da fé 17
Deus bate à nossa porta e não a arromba 18
A amizade é um passar 20
Amar a Deus por nada, gratuitamente 22
Não é preciso falar 23
A poética da amizade 24

2 Figuras bíblicas da amizade 27
Deus e Abraão 28
Deus e Moisés 29
Rute e Noemi 30
Jônatas e Davi 30
Davi e Berzelai 33
Eliseu e a sunamita 34
Os amigos de Jó 34
O meu amigo tinha uma vinha 36
Jesus e Lázaro 36
Paulo e o casal Prisca e Áquila 38

3 Pensar a amizade 41
Passagem do sensível ao inteligível 42
A procura desinteressada do bem 43
Nada pedir de vergonhoso, nada de vergonhoso conceder .. 44
Só o sábio sabe amar 45
Porque era ele. Porque era eu 46
O meu amigo não é outro que a metade de mim 47
Onde não há direitos de propriedade 48
Paralelas que se encontram no infinito 49
O que separa torna-se relação 50
Ó amigos, não existem amigos 51

4 O que é viver a amizade com Deus 53
Aceitar o enigma 54
Reconhecer que Deus habita em mim. Mas como? ... 55

A amizade como experiência de coincidência 57
A amizade como experiência de diferenciação 58
O Espírito é o terceiro 60
O nosso amigo é um desconhecido 61
O visível é só a margem discreta 61

5 Chamei-vos amigos 63
O discípulo amigo 64
Não servos, mas amigos 66
És deveras meu amigo? 67

6 A presença como dom 69
O "hoje" da amizade 70
A vida é mistério de visitação 72

7 Deus na cozinha 75
Entrar no quarto mais secreto 77
Dicotomias do espaço interior 78
Pensar Deus a partir do cru e do cozido 79
Deus é visível, nós somos invisíveis 81
Uma mística do cotidiano 82
O dar e o receber 83
Quando Jesus cozinhou, ao amanhecer 85
Do ornamental ao real: reencontrar o fio do desejo 87

8 À mesa, saboreamos a amizade de Jesus 89
O significado antropológico do "comer em companhia" ... 90

Um ideal bíblico 91
Jesus, hóspede dos fariseus 93
Jesus, amigo dos pecadores 94
O que nos impede a alegria 97

9 Um amigo é uma testemunha 101
Um amigo é uma testemunha 102
Sereis minhas testemunhas 104
Ser cristão hoje 105

10 A amizade espiritual 109
O que entender por "amizade espiritual"? 110
A sede de amizade é uma sede de verdade 110
A amizade é uma teofania 113
Uma teologia tatuada na experiência 114
O papel espiritual do amigo..114
Amar na Terra como se ama no Céu 116
Espiritual, mas sem ingenuidade 117

11 Amigos, amigos, negócios à parte? 119
A farinha é uma coisa e a amizade é outra..................... 120
Só podemos contar com a ganância do padeiro? 123
O que é que o teu dinheiro fez de ti? 123

12 O elogio do gratuito 127
Acreditam na vida antes da morte? 128
Espaço para a autenticidade 129

13 Amar a imperfeição 131
Encontraram-se o amor e a verdade 133
A nossa humanidade é narração de Deus 134

14 O pequeno Evangelho da Alegria 135
A alegria que nos estremece 136
Que fizemos nós do Evangelho da Alegria? 136
A dificuldade de encontrar a alegria 138
A alegria é uma aprendizagem 138
A dor escava em nós o que depois a alegria vai encher ... 140
O pessimismo é mais fácil 141
A amizade é uma fonte de alegria 142

15 O humor de Deus 147
Deus me fez rir 148
O riso conduz-nos à sabedoria 149
Temperar de humor a oração 151
Humor e profecia 153
Converter-se pelo humor 153
Aceitando o rio Jordão da nossa vida 155
O humor de Jesus 156
A criação é a dança de Deus 157

16 Paulo, mestre da alegria cristã 159
A alegria e o mistério de Cristo 160
Alegria e Espírito Santo 162

Alegria e comunidade eclesial 163
O caminho da alegria 167
Alegria e escatologia 170

17 O rapaz, o anjo e o cão 171
O sapo é uma obra-prima para o mais exigente 173
Podemos ser amigos de uma flor? 175

18 Amigo, a que vieste? 177
Só quem me ama me pode trair 178
A história de Judas, um amigo de Jesus 179
O que quer dizer a palavra amigo? 182
A cena da traição 183
As razões de Judas 184
Entrar na noite 187
Serei eu, Senhor? 188

19 Ladrões felizes no paraíso 189
Aceitar a vulnerabilidade de Deus 192
Aceitar as nossas lágrimas 194
Ladrões felizes no paraíso 198

20 A solidão e o silêncio 201
Espaço para a queda e espaço para o passo 202
Uma espécie de pedagogia do silêncio 203
O silêncio na tradição cristã 204

A escola do silêncio.. 207
Quem sabe usar o silêncio sabe usar o tempo................. 208
Os amigos são mestres do silêncio....................................210

21 Despedimo-nos uns dos outros muitas vezes..............213
A dor da separação 214
Os amigos tornam-nos herdeiros 216

Bibliografia 219

Rua Dona Inácia Uchoa, 62
04110-020 – São Paulo – SP (Brasil)
Tel.: (11) 2125-3500
http://www.paulinas.com.br – editora@paulinas.com.br
Telemarketing e SAC: 0800-7010081